Nicolas Sarkozy :
une République
sous haute surveillance

© L'Harmattan, 2007
5-7, rue de l'Ecole polytechnique ; 75005 Paris

http://www.librairieharmattan.com
diffusion.harmattan@wanadoo.fr
harmattan1@wanadoo.fr

ISBN : 978-2-296-02981-1
EAN : 9782296029811

Serge PORTELLI

Nicolas Sarkozy : une République sous haute surveillance

L'HARMATTAN

SOMMAIRE

CHAPITRE PREMIER
Faux bilan...13

CHAPITRE II
La prison compulsive..33

CHAPITRE III
Justice automatique..51

CHAPITRE IV
Mineurs délinquants
Le début de la barbarie ?..67

CHAPITRE V
Simple, inefficace et dangereux :
« tourner la page de la récidive »..87

CHAPITRE VI
Le traitement chimique, c'est pas automatique.....................97

CHAPITRE VII
Le nouvel asile pénitentiaire..107

CHAPITRE VIII
La chasse aux étrangers...121

CHAPITRE IX
L'instrumentalisation des victimes 135

CHAPITRE X
Une société sous très haute surveillance 143

CHAPITRE XI
Police de garde à vue 157

CHAPITRE XII
La justice, maillon faible de la « chaîne pénale » ? ... 171

CHAPITRE XIII
Les vraies ruptures 181

CONCLUSION
Les deux Frances 191

INTRODUCTION

La force sans la justice est tyrannique

Début 2007, au moment d'élire le futur Président de la République en France, l'un des débats importants est, une nouvelle fois, celui sur la sécurité. En 2002, alors que la gauche était au pouvoir et qu'elle devait rendre compte de son action, cette question était même au coeur de la campagne. Tel n'est pas le cas aujourd'hui. Les médias semblent moins friands de rapporter ces affaires de violences individuelles ou collectives qui avaient pourtant fait la une de beaucoup de journaux télévisés il y a cinq ans, non sans conséquence sur le résultat de l'élection d'ailleurs. La matière est aujourd'hui pourtant identique, plus dense même, puisque ces violences n'ont cessé de s'aggraver. On ne peut que se réjouir de voir d'autres sujets animer la campagne : l'emploi, le logement, le pouvoir d'achat, les impôts, la dette extérieur, la place du citoyen dans la République, le sort des minorités, la place de la France dans le monde... Mais dans une société où l'émotion et l'image sont reines, où la pensée gagne à ressembler à un slogan, où les « petites phrases » remplacent les vraies paroles, où la peur de l'autre est sans cesse alimentée, l'insécurité est nécessairement au rendez-vous de l'élection. Et ce débat mérite peut-être plus que quelques chiffres auxquels personne ne peut croire ou quelques formules jetées au hasard d'un fait divers. Mais comme d'habitude les solutions les plus démagogiques risquent de fleurir sur le terreau du crime. En démocratie la saison du vote voit éclore des fleurs légères, de deux ou trois pétales au plus, les simples, les faciles, les rapides. On en fait des bouquets éclatants mais éphémères. Et les plus belles couleurs sont encore celles des fleurs du mensonge.

Nous risquons donc voir les électeurs sollicités par une série de crimes et de délits médiatisés, déformés, exploités sans le moindre recul, pour attiser l'angoisse ordinaire et attirer le chaland vers une répression toujours plus forte, plus dure, plus implacable, plus bornée. Tenir un discours argumenté, laissant place au doute, reposant sur un raisonnement plutôt que sur une affirmation relève alors de l'exploit.

Il faut néanmoins tenter de relever ce défi et affronter franchement le problème de l'insécurité car ses enjeux sont bien plus vastes qu'il n'y paraît et dépassent de fort loin le cadre d'une consultation électorale, si importante soit elle. Ce sont la conception de l'individu et le sens d'une société qui se jouent là. Il faudra bien quelques voix pour le dire : la lutte contre la délinquance exige d'abord une analyse rigoureuse, scientifique et patiente. Aussi bien dans l'approche globale de la criminalité que dans son approche individuelle, au cas par cas, à niveau d'homme. Cette lutte permanente passe par l'utilisation de méthodes efficaces mais aussi soucieuses de la dignité de l'homme et garantissant les libertés publiques. Vivre en sécurité exige qu'on respecte la victime comme le délinquant. La peine doit impérativement avoir un sens, car punir est une science et non un réflexe : lutter contre toutes les formes de violence exige de mobiliser toutes les formes de l'intelligence et toutes les forces de la société. On ne se débarrasse pas de la criminalité, on la traite. On ne « tourne pas la page », on la lit d'abord.

La tentation est grande, sur ce sujet, de personnaliser le débat et de le réduire à une simple discussion des propositions du ministre-candidat, Nicolas Sarkozy. Héraut indéfectible et parfois pathétique d'une politique sécuritaire tous azimuts, il occupe, grâce à un marketing politique inédit et une couverture médiatique sans précédent, une place majeure dans ce débat. Discuter, aujourd'hui, son action et son programme est donc nécessaire - et nous tenterons de le faire méthodiquement -, mais cet ouvrage n'est en aucun cas un livre « contre » l'intéressé. Car si l'homme essaie par tous les moyens de personnaliser le débat, il serait stupide et vain de s'en prendre au personnage, ni diable, ni ange, en oubliant de plus qu'il n'est pas apparu par hasard, qu'il correspond nécessairement à l'une des évolutions profondes de notre société et qu'une bonne partie de la population partage ses idées. Le même débat a eu lieu lors de précédentes élections, tout aussi vif. Il se reposera à l'avenir dans tous les mêmes circonstances. L'important n'est donc pas Nicolas Sarkozy en tant que tel. Ce qui compte et ce qui restera, c'est la confrontation sur des idées et des valeurs où cet homme incarne simplement l'option la plus farouchement conservatrice.

Prenons donc acte de cette évolution : la politique de sécurité a pris une place de premier rang dans l'ordre politique contemporain. De mauvaises raison y conduisent, mais d'excellentes aussi. L'exigence croissante de sécurité est une réalité. Peu importe que nous vivions, en Europe du moins, dans des sociétés infiniment moins violentes qu'il y a quelques siècles. Nos contemporains sont assez peu sensibles aux évolutions historiques. Ce qui compte, à juste titre, c'est de pouvoir, aujourd'hui et ici, vivre paisiblement, le plus loin possible de la violence et des agressions de toute sorte. L'état doit prendre prioritairement cette revendication en charge. Mais une autre raison, tout aussi puissante, milite dans le même sens : c'est que la bataille permanente pour les libertés se joue aussi à l'occasion de cette lutte contre la délinquance. Cette constatation peut fâcher ou surprendre mais elle est indiscutable. Les citoyens comprennent mieux l'argument lorsque des innocents sont pris « malencontreusement » dans le piège de la justice. Tout un pays se demande alors comment ces lois censées ne jouer que contre le crime et ne concerner que ce monde a priori étranger des délinquants, peut broyer des êtres ordinaires, vivant paisiblement la vie de tout un chacun. Comment monsieur tout-le-monde peut-il voir subitement, sur un coup de dé, sa vie basculer dans un enfer ? Outreau a fait frémir en France. Il est apparu clairement, à tous ceux qui évitaient d'y penser, que l'insécurité pouvait aussi résulter de lois mal faites, de décisions mal prises ou même du fonctionnement techniquement correct d'institutions au sein desquelles les libertés essentielles n'étaient pas suffisamment garanties. Montaigne disait il y a près de cinq siècles : « combien ai-je vu de condamnations plus crimineuses que le crime ? » (Essais, III, 13). L'histoire nous a, là, violemment rattrapés. Et chacun de comprendre, le temps de l'émotion du moins, qu'en démocratie, le seul souci de la sécurité ne suffisait pas à fonder une politique. On croit lutter contre le crime, on entasse des lois répressives, on supprime des garanties, on rogne des libertés et c'est la démocratie qu'on tue à petit feu. A Rome les hommes libres se croyaient à l'abri lorsque la torture s'est appliquée au monde lointain des esclaves mais cette procédure a fini par gangrener tout le système. Elle a fini par s'appliquer à eux et c'est la République qui fut mise à la question.

Dans le domaine de la sécurité, personne ne peut se targuer de détenir de solutions miracle et les donneurs de leçon devraient se faire rares, les échecs étant plus bavards que quelques incertaines réussites. Nous sommes pourtant confrontés à un programme sécuritaire, décliné par Nicolas Sarkozy avec un aplomb magistral, bardé de chiffres impressionnants et de certitudes absolues, bourré de solutions simples, débarrassé de toutes ces subtilités qui obscurcissent le discours et compliquent l'action. Ce programme, essentiellement fondé sur la prison, s'adresse immédiatement et agréablement à notre cortex primaire. Il présente cet avantage de procurer des sensations fortes, dès les premiers instants de l'écoute : il assouvit la soif de vengeance, la rage de punir, il procure en un minimum de temps la jouissance simple d'appliquer simplement des idées simples. Mais les suites sont moins exaltantes. Le danger est la minute d'après, celle où l'on se prend à réfléchir. Et pire, l'heure suivante, où l'on mesure les dégâts. L'un des buts de cet ouvrage est d'analyser ce programme sécuritaire dès à présent, avant qu'il ne soit trop tard, en profitant d'une chance inouïe : il est déjà en oeuvre depuis cinq ans par son auteur, sans qu'il soit question là d'une quelconque rupture, si ce n'est la volonté affirmée d'aller encore plus loin, au-delà de ce que la droite classique a accepté.

Dès lors, ces questions à peine esquissées, vont se poser cruellement. Quelle place reste-t-il pour les libertés si l'individu est prisonnier dès son plus jeune âge d'un destin auquel il ne peut échapper, pour lequel il serait d'ailleurs génétiquement programmé ? Déjà surveillé, bientôt fiché, poursuivi indéfiniment par son passé, interdit d'oubli, sanctionné au premier écart, éliminé automatiquement au second, suivi pas à pas jusqu'à la fin de ses jours, cet homme qui a failli, quelle possibilité lui reste-t-il d'évoluer, de changer, quand tout va lui rappeler qu'il ne vaut que par ses actes qui le talonneront en permanence ? Quelle est cette société d'où toute tolérance est officiellement bannie ? Où l'on ne laisse rien passer, du moins aux plus défavorisés ? Qui veut de ce carcan étouffant et rigide qui méconnaît la vie, ses surprises, ses renouveaux, ses embellies ?

La vision simpliste du délinquant qu'on nous propose est le pendant de celle du citoyen « moderne » qui se profile.

L'avenir appartient à l'homme qui « se lève tôt », l'homme sûr de lui, l'homme qui choisit, l'homme qui réussit, l'homme qui mérite. Si l'exaltation du travail et de l'excellence est si forte, c'est qu'à l'autre bout de la chaîne, celui qui a failli, le délinquant, l'homme sans mérite, doit être châtié sans pitié. Il s'agit de refuser toute « excuse », le mot est choisi expressément au-delà de son sens réel, de refuser en fait toute compréhension. Car l'imposture est de faire croire que comprendre empêche de sanctionner : le délinquant, suffisamment averti par la loi, agissant en toute connaissance de cause, n'a pas droit à un quelconque aménagement.

Une autre politique est possible qui nous fasse vivre réellement en sécurité. Elle passe par l'analyse, la réflexion, la prise en compte de l'extrême complexité de la délinquance. Elle ne propose pas de solutions simples ou uniformes mais fait appel à ce qu'il y a de meilleur chez le citoyen, à sa responsabilité. C'est ce que nous tenterons d'avancer à chacun des chapitres de cet ouvrage. Une alternative est possible qui réussisse à allier d'une part la sécurité, le soin des victimes, l'efficacité de la sanction, de l'autre l'humanité, le respect des libertés et des droits de l'homme.

CHAPITRE PREMIER

Faux bilan

« Je ne crois aux statistiques que lorsque je les ai moi-même falsifiées »

Churchill

La consigne

« Les responsables de la police et de la gendarmerie devront travailler en fonction d'objectifs précis et seront évalués en permanence. De leurs résultats dépendra leur carrière ». La machine à faire baisser les chiffres de la délinquance est en marche depuis le premier jour. Dès juillet 2002 la consigne est claire. Sévère aussi. La philosophie d'ensemble porte un nom, « la culture du résultat » que le ministre explicite dans son ouvrage : *« avec l'obsession du terrain, la culture du résultat fut la seconde règle que je nous fixais en prenant la responsabilité du ministère de l'Intérieur. J'exigeai d'avoir chaque soir un état récapitulatif des statistiques de la délinquance et de l'immigration. Je décidai de les publier chaque mois, afin que nos résultats soient vérifiables et connus de tous. Je créai les réunions « 3+3 » : chaque mois, je recevais les trois préfets dont les résultats étaient les meilleurs et les trois préfets dont les résultats étaient les plus mauvais ; les premiers pour les féliciter, les seconds pour comprendre et les aider à *progresser »* (« Témoignage », Nicolas Sarkozy, XO Editions, p 32).

Chaque jour, donc, depuis 2002, policiers et gendarmes se réveillent avec cette double exigence. La première, celle de toujours, la leur : assurer la paix publique, lutter contre la délinquance. La seconde, celle du moment, celle du ministre et futur candidat, celle qui fera ou défera leur carrière et qui tient du casse-tête chinois : faire baisser le nombre des infractions, tout en augmentant celui des interpellations. C'est ainsi qu'après cinq ans de lutte acharnée contre la vérité, épuisante pour les forces de l'ordre, mais totalement inefficace dans la réalité que chaque citoyen peut constater, le bilan officiel a pu être fièrement claironné. Avant moi, le chaos. Depuis moi, la paix. De façon plus arithmétique cela donne, le 11 janvier 2007 : « *je le dis sans ambages : je suis fier des résultats obtenus par les policiers et les gendarmes dans notre pays... la sécurité a progressé, la peur a reculé... Alors que la délinquance avait augmenté de 17,8% entre 1997 et 2002, elle a baissé de 9,4% depuis 2002. Cela veut dire que, depuis 2002, plus de 1.153.000 victimes ont été épargnées* ».

Nous ne savons pas grand chose de la criminalité réelle

Avant de discuter plus avant ces chiffres étonnants, il est nécessaire d'en passer par cette vérité élémentaire : la délinquance réelle, personne ne la connaît vraiment. Chacun croit - entretenu soigneusement dans cette idée - que la criminalité se mesure facilement, comme on mesurerait la hauteur changeante d'un fleuve, ou qu'on comptabiliserait le nombre de voitures à la sortie d'une chaîne de montage. Le ministère de l'intérieur publie d'ailleurs doctement la progression de la délinquance mois par mois, au centième de pourcentage près. « *Dans toute statistique, l'inexactitude du nombre est compensée par la précision des décimales »*, souriait Alfred Sauvy. Il serait plus honnête de dire au citoyen que la délinquance est, en l'état, difficile à appréhender et que sa progression est impossible à calculer. Une masse salariale, le poids des impôts, une population sont des domaines qui se prêtent assez facilement au comptage, même s'il existe, comme pour toute activité humaine, une part d'erreur inévitable. Mais les crimes et les délits, eux, ont moins d'évidence que la naissance d'un homme, que l'établissement d'une feuille d'impôt ou la création d'un produit manufacturé. La majeure partie des crimes et des délits échappe aux les statistiques officielles ! Cette proposition, assez incroyable quand on l'écoute pour la première fois, nous pouvons pourtant la vérifier nous-mêmes, expérimentalement, en regardant rapidement autour de nous, ou en nous penchant sur notre passé. Combien de fois n'avons-nous pas renoncé à déposer plainte ? Quand notre compagnie d'assurance ou l'administration ne nous contraint pas à le faire, bien souvent, nous évitons d'aller « perdre notre temps » au commissariat ou à la gendarmerie. Même des violences passent inaperçues : il suffit de penser à toutes celles commises au sein des familles, contre les enfants ou les femmes. Elles ne sont pas subitement apparues voici quelques années ; elles existaient de tout temps mais on refusait de les voir, de les traiter et donc de les compter. Autre exemple, parmi tant d'autres, les infractions aux lois sur les stupéfiants. Quand on connaît le nombre réel de toxicomanes on comprend immédiatement une autre face du problème. En France, on compte - les chiffres sont évidemment, là encore, approximatifs - environ 280.000 usagers quotidiens de cannabis et plus de trois millions d'usagers occasionnels (Baromètre Santé 2000, CFES). On estime à plus de 150.000 les usagers d'opiacés ou de cocaïne. Or les interpellations pour usage ou trafic sont, chaque année, de moins de 100.000 par an en France.

Confirmation officielle : les enquêtes de victimation

Cette idée première sur la misère des chiffres et l'impuissance de nos arpenteurs officiels est confirmée par la science elle-même. Des chercheurs ont depuis longtemps validé cette impression d'inexactitude. Ils ont eu l'idée de ne plus s'en tenir au filtre des statistiques policières mais d'aller directement vers les victimes potentielles que nous sommes. Ils ont sélectionné des échantillons de population en demandant aux personnes interrogées si elles avaient été victimes d'infractions sur une période donnée. Ces enquêtes, qui sont menées dans le monde entier depuis une quarantaine d'années, sont admises par la communauté scientifique internationale, même si, elles aussi, posent des problèmes méthodologiques sérieux et que leur marge d'erreur est importante. On les appelle du nom barbare d' « enquêtes de victimation ». Leurs résultats sont étonnants. Le « chiffre noir » de la délinquance est énorme. L'écart avec les chiffres officiels de la police est impressionnant. L'enseignement est clair : la grande majorité des victimes ne porte pas plainte. Les chiffres officiels ne reflètent absolument pas la réalité de la criminalité. Ils reflètent avant tout l'activité des services de police et la façon dont ils sont utilisés à un moment donné. La première enquête de victimation a eu lieu en 1965 aux Etats Unis à l'initiative de la Commission présidentielle sur l'application des lois de l'administration de la justice. Après quelques autres essais, il fut procédé en 1973 dans ce pays à une vaste enquête appelée *« National Crime Survey »* (NCS) concernant cinq villes (Chicago, Detroit, Los Angeles, New York et Philadelphie). Cette enquête, rebaptisée *« National Crime Victimization Survey »* en 1992, est devenue annuelle et porte sur un échantillon très important puisque l'enquête brasse les réponses à un questionnaire soumis à 130.000 personnes. Ces approches statistiques ont donc acquis leurs lettres de noblesse et ont été adoptées dans le monde entier, en Europe notamment, la France étant un des derniers états à l'expérimenter. C'est en 1985 que la France s'est intéressée à ce type de recherche : le CESDIP (Centre de Recherche sur le Droit et les Institutions pénales dépendant du ministère de la Justice) a conduit alors la première enquête nationale. Elles sont actuellement faites par l'INSEE sous l'égide de l'Observatoire nationale de la délinquance, instance mis en place en 2003 par le ministre de l'intérieur de l'époque, Nicolas Sarkozy.

L'enquête de victimation de 2006 en France : les crimes et délits recensés représentent le tiers de la délinquance réelle

La dernière enquête menée par l'INSEE auprès de 14.000 ménages français, soit 25.000 personnes de plus de 14 ans, a été publiée récemment, en décembre 2006. Elle porte sur la délinquance de l'année 2005. Ses conclusions sont conformes à toutes les données recueillies à l'étranger et aux précédentes enquêtes françaises. La délinquance est trois fois supérieure aux chiffres officiels enregistrés par les services de police et de gendarmerie. 3 775 000 plaintes et déclarations recensées cette année-là or, selon l'enquête de victimation, plus de neuf millions d'atteintes aux biens été commises et près de quatre millions de personnes ont déclaré avoir été victimes d'au moins une agression. Douze millions de faits de délinquance au total : trois fois plus ! L'écart avec les statistiques officielles varie d'ailleurs selon le type de délinquance. S'agissant des atteintes aux biens (vols, dégradations...), deux millions ont fait l'objet d'un dépôt de plainte sur les 9 millions estimés par l'enquête de victimation. Les victimes réagissent en fait en fonction de la gravité du préjudice et des possibilités d'indemnisation. Ainsi, si moins d'un quart des faits donne lieu à une plainte, les vols de voiture, eux, sont déclarés à 90 % et les cambriolages à 70 % car ils déclenchent des mécanismes d'assurance. S'agissant des atteintes aux personnes l'écart est tout aussi considérable : moins de 30 % des violences physiques (en dehors des vols) connues des services de police ou signalées à eux.

Un bilan flatteur, selon le candidat Nicolas Sarkozy

Ce préliminaire fondamental étant posé, il faut bien se tourner vers les statistiques officielles avec toute la prudence qui est donc de mise. Il ne s'agit en aucun cas de jeter par dessus bord ce travail de comptage officiel mais d'avoir conscience qu'il reflète avant tout le travail des services d'enquête et qu'il peut être grandement amélioré. Les 3 725 000 faits de délinquance comptabilisés en 2006 s'inscrivent dans une politique particulière d'utilisation des forces de l'ordre et doivent être discutés dans ce cadre-là, sans plus.

Nicolas Sarkozy, ministre de l'intérieur, pendant près de quatre ans, (du 7 mai 2002 au 31 mars 2004 puis du 31 mai 2005 à mars 2007) présente, comme candidat, un bilan qui se veut évidemment avantageux. Qui n'en ferait autant ? Là, il n'est pas question de rupture. Le candidat défend son action et le bilan est simple. Il a été dressé solennellement lors d'une conférence de presse par le ministre -ou le candidat - le 11 janvier 2007. La délinquance augmente quand la gauche est au pouvoir : 17,8% entre 1997 et 2002. Elle baisse sous sa férule : - 9,4%. 17,8%, c'est beaucoup au passif de la gauche. Plus que ce que les policiers eux-mêmes annonçaient le jour même : +16,26% de 1997 à 2001. Plus que ce qu'il écrivait lui-même un an plus tôt : « *la délinquance avait progressé de 14,5 % entre 1999 et 2002* ». En prenant la bonne année, on arrive toujours à améliorer sa démonstration. Nicolas

SARKOZY est arrivé et la délinquance a immédiatement reculé. Un million de victimes doivent lui en rendre grâce. Les chiffres sur lesquels il s'appuie sont les suivants

	1996	1997	1998	1999	2000	2001	2002	2003	2004	2005	2006
Total des crimes et délits en millions	3,556	3,493	3,565	3,568	3,771	4,061	4,114	3,975	3,825	3,775	3.725

Source : ministère de l'intérieur, Documentation Française

Pour apprécier l'argument, il faut évidemment toujours garder en mémoire l'écart considérable entre la criminalité réelle et la criminalité officielle mais il faut aussi se pencher sur ces chiffres officiels-là publiés régulièrement par le ministère de l'intérieur pour en apprécier l'évolution : correspond-elle vraiment à ce qui est annoncé par le ministre-candidat ?

Les violences : une hausse continue, 13,9% dans les cinq dernières années

Dans un rapport publié récemment (novembre 2006), l'Observatoire National de la Délinquance (OND) aligne des chiffres tragiques : les actes de violences contre les personnes officiellement recensés continuent d'augmenter depuis que Nicolas Sarkozy est ministre de l'intérieur. L'accroissement est continuel depuis 1996 (date du début de l'étude). Et rien n'a changé à compter du 7 mai 2002.

Année	1996	1997	1998	1999	2000	2001	2002	2003	2004	2005
Actes de violences (en milliers)	228	245	257	281	316	362	381	389	392	411

Source : ministère de l'intérieur, Observatoire National de la Délinquance

En cinq ans, de l'aveu même du ministère de l'intérieur, les violences physiques ont augmenté de 13,9% (conférence de presse du 11 janvier 2007). 434.183 actes de violences volontaires à l'intégrité physique en 2006, soit environ 50.000 victimes de plus qu'en 2001.

On a vu que victimes ne signalent que 30% des violences qu'elles subissent. Mais notons que cette criminalité est plus difficile à maquiller que les atteintes aux biens. Quand une personne vient se plaindre avec des blessures, un certificat médical, il est évidemment plus difficile de laisser dormir le dossier et de ne rien faire. De plus, l'opinion publique est particulièrement sensible à cette criminalité-là : il est difficile de lui faire croire n'importe quoi. Nous vivons dans une société violente. Qui oserait dire que cette violence là diminue ? Le candidat Nicolas SARKOZY n'ose pas le dire mais il a proposé successivement plusieurs analyses du phénomène qui lui permettent néanmoins de faire l'éloge de son action. Sa première argumentation est simple. Les violences se partageraient pour moitié entre les violences familiales et les violences crapuleuses.

La hausse statistique résulterait d'une augmentation du dépôt de plaintes en matière de violences conjugales, domaine où il a mené une politique vigoureuse qui expliquerait le surcroît de plaintes[1]. Le mensonge est là aussi énorme et ne résiste pas à un début d'analyse.

---

[1] « Les violences aux personnes se divisent en deux, les violences dites crapuleuses, violences quand on fait un braquage ou un viol, et les violences dites intra-familiales, 5% chacune (en fait 50%). Les violences crapuleuses ont diminué depuis 2002, vous le savez aussi, et celles qui ont augmenté ce sont les violences intra-familiales, violences extrêmement préoccupantes. La question que je me pose, Monsieur le Président, et je le dis en toute humilité, est-ce que les violences faites aux femmes ont-elles augmenté ou est-ce que, heureusement, les femmes victimes aujourd'hui osent porter plainte alors qu'il y a trente ans ou quarante ans elles n'osaient pas porter plainte et c'est ma seule remarque. Je veux dire d'ailleurs une chose c'est que j'ai changé la législation parce que une femme victime de son bourreau et peu lui importe que le bourreau soit le mari ou le

L'autre argumentation, moins fantaisiste, a été avancée lors de la conférence de presse du 11 janvier 2007. Il est expliqué que l'accroissement des violences tient en fait à l'augmentation d'une partie d'entre elles : les violences non crapuleuses, les violences qualifiées de « gratuites ».

Les plaintes pour violences conjugales n'expliquent pas l'augmentation des plaintes recensées pour violences

Si l'on prend les statistiques officielles publiées par le ministère de l'intérieur[2], la répartition de ces infractions de violence n'a aucun rapport avec ce qu'avance le ministre. Pour 2004, on compte 339.882 faits d'atteintes aux personnes. Elles se répartissent comme suit.

Total atteintes aux personnes	339.882	100%
Homicides et tentatives	2.097	0,62%
Coups et blessures volontaires	137.864	40,56%
Autres (menaces, atteintes à la dignité...)	103.530	30,46%
Atteintes aux moeurs (viols, harcèlements, agressions sexuelles)	43.836	12,90%
Infractions contre l'enfant et la famille	52.555	15,46%

Source : ministère de l'intérieur, Documentation Française

---

conjoint, devait quitter le domicile conjugal la nuit avec les enfants, j'ai fais en sorte que dorénavant c'est le bourreau qui devra quitter le domicile conjugal ». Emission Ripostes France 5, 10 décembre 2006.
[2] Aspects de la criminalité et de la délinquance constatées en France en 2004 par les services de police et les unités de gendarmerie, La Documentation Française, PARIS 2005.

Les violences conjugales ne sont pas répertoriées spécifiquement. Mais on voit déjà qu'elles ne peuvent représenter qu'une part assez faible du total des violences. Pour avoir une vision plus précise il faut se référer à une étude spécifique publiée par l'OND en 2006 : « *éléments de mesure des violences entre conjoints* »[3]. Cette étude est menée à partir des faits officiellement constatés par les services de police et de gendarmerie. Les violences entre conjoints pour l'année 2004, s'élèvent à 34.848 violences non mortelles et 162 violences mortelles, soit 10,3% seulement des 339.882 atteintes aux personnes recensée. Or ces chiffres n'ont pas varié par rapport à 2003 où l'on comptait 34.721 violences non mortelles et 180 violences mortelles. Il ne s'agit donc pas de la moitié des atteintes aux personnes et il n'y a pas eu d'augmentation des plaintes.

Il est donc grossièrement faux d'affirmer qu'un traitement policier amélioré des violences conjugales explique l'augmentation des faits de violence officiellement répertoriés. Dans ce domaine tout reste d'ailleurs à faire. Plusieurs lois ont été votées ces dernières années aggravant les peines pour ce type de violences ou permettant d'éloigner le conjoint violent en cas de procédure de divorce. Mais il faut une action de bien plus grande ampleur pour tenter de freiner cette délinquance complexe et particulièrement grave. Le Collectif national pour les droits des femmes qui organisait en décembre 2006 au Sénat un colloque auquel nous étions invités propose une politique plus vaste mobilisant l'ensemble des pouvoirs publics et qui ne repose pas sur plus de répression, plus de prison pour les conjoints violents. Si les femmes battues saisissaient toutes la justice, celle-ci serait noyée sous un flot de plaintes : il faut donc trouver d'autres solutions totalement novatrices qui passent

---

[3] « Éléments de mesure des violences entre conjoints », Valérie BONVOISIN, OND, 2006.

avant tout par de vigoureuses actions de prévention notamment auprès des jeunes.

Les violences soi disant « gratuites ».

Nicolas Sarkozy, lors de sa conférence de presse de janvier 2007, reconnaît qu'une partie des violences augmente. Ce qu'il appelle les violences « gratuites ». Elles se décomposent, dit-il, en « deux sous-ensembles : les violences à dépositaires de l'autorité publique... et les violence de la sphère privée, qui vont de l'altercation entre automobilistes aux mauvais traitements à enfants ». Pour expliquer cet échec, son explication est double. En ce qui concerne les violences à dépositaires de l'autorité publique, il affirme que l'augmentation traduit « une agressivité renouvelée à l'égard de tous ceux qui représentent l'ordre public en même temps que l'engagement supplémentaire des forces de l'ordre ». On ne peut que déplorer un tel accroissement. Mais l'explication du ministre de l'intérieur est un peu courte. On peut légitimement se demander si cette agressivité n'est pas dûe à une utilisation maladroite de la police et à la dégradation progressive des relations entre les forces de l'ordre et les jeunes. S'agissant des violences relevant de la sphère privée, Nicolas Sarkozy se contente de remarquer qu'il « n'est pas aisé pour la police de faire de la prévention à domicile », remarque qui relève d'une conception consternante et de la prévention et du rôle de la police.

Les causes réelles de l'augmentation de la violence

Nous dépassons là, largement, les problèmes statistiques. Il ne s'agit plus simplement d'un comptage ou d'une évaluation mais d'une interprétation. D'où vient la violence ? Cette question peut être posée à plus d'un spécialiste, du psychanalyste au sociologue en passant par le médecin. Les réponses dépendent évidemment beaucoup des options politiques, philosophiques ou religieuses de chacun. Encore faut-il rester quelque peu cohérent dans ses explications, ce qui n'est pas le cas de Nicolas Sarkozy. En effet, lorsqu'il arrive à faire baisser les chiffres d'une délinquance, il s'en attribue immédiatement le mérite. Lorsqu'il n'y arrive pas, assez curieusement, il a recourt à des explications qui d'ordinaire suscitent chez lui colère ou sarcasmes : face aux violences contre les personnes qui augmentent il ose dire : *« hélas ! Ces violences aux personnes sont devenues, sous diverses formes, un phénomène de société »* (discours au Sénat le 13 septembre 2006). Tiens ! Y aurait-il des causes sociales à la délinquance ? Peut-être cette pirouette devrait-elle inciter le ministre à plus de modestie. L'origine de la violence ne se trouve pas en un lieu unique, ni dans le seul individu, ni dans la seule société.

Ce n'est évidemment pas le ministre de l'intérieur qui, à lui seul, fait baisser la violence.

Les atteintes aux biens

Les atteintes aux biens officiellement répertoriées par le ministère de l'intérieur traduisent une évolution moins simple que celle proposée par Nicolas Sarkozy. Là encore, il faut se reporter à l'analyse de l'OND dans son étude publiée fin 2006. Depuis 1996, l'évolution est la suivante.

	1996	1997	1998	1999	2000	2001	2002	2003	2004	2005
Atteintes aux biens (en millions)	2,765	2,685	2,758	2,717	2,821	**3,064**	**3,059**	2,882	2,709	2,634

Source : ministère de l'intérieur, Observatoire National de la Délinquance

La lecture de ces chiffres est simple. Les atteintes aux biens recensées par la police ont connu en 2001 et 2002 une augmentation réelle. Pour le reste nous sommes, depuis 10 ans, dans une fourchette variant entre 2,6 et 2,8 millions de faits, ce qui reflète une certaine stabilité de cette délinquance officiellement répertoriée. Que s'est-il réellement passé en 2001/2002? Personne pour l'instant n'a proposé d'analyse sérieuse du phénomène. De tels pics de criminalité existent depuis un quart de siècle. Quiconque a étudié un peu l'histoire de la délinquance (globale) constatée depuis 1950 sait que les chiffres ont fortement progressé essentiellement à compter des années soixante (à population constante) sur une quinzaine d'année[4]. Le taux de criminalité pour 100.000 habitants a fortement progressé, passant de 10-20 °/°° à 70-80°/°°. Depuis de début des années 80, le taux de criminalité constatée reste stable mais connaît régulièrement des pics. De 1982 à 1985, de 1991 à 1994 et donc de 2001 à 2003. Cette évolution cyclique est reconnue par tous les spécialistes.

Dire que la gauche est responsable de cette dernière augmentation-là et que l'arrivée de la droite et plus particulièrement de Nicolas Sarkozy explique le retour aux chiffres habituels relève de la plaisanterie, d'autant que les chiffres qu'il avance, nous allons le voir, sont manipulés. En fait, la baisse récente de la délinquance de l'atteinte aux biens constatée en France correspond à une évolution dans toute l'Europe. Elle n'est pas l'apanage d'un ministre français, belge ou autrichien. On constate moins de vols de voitures, moins de vols dans les magasin mais cette décrue est due à une amélioration des systèmes de protection. Sous la pression des assurances notamment, les constructeurs de voiture ont créé et développé des systèmes d'alarme, les magasins ont mis au point des systèmes de vidéo-surveillance

---

[4] Alain BAUER, « c'est en 1964 que la criminalité en France va prendre son essor », communication à l'Académie des Sciences, octobre 2006.

perfectionnés. Entre 2000 et 2003, les vols de voitures ont diminué de 18% en France, de 17% en Finlande, de 33% en Belgique, de 25% au Danemark, de 14% en Allemagne et de 16% au Royaume Uni...

Les statistiques officielles manipulées : un demi-million d'infractions à la trappe

Ce bilan flatteur de l'action d'un ministre est faux. À plus d'un titre. Un rapport établi par les trois inspections générales (administration du ministère de l'intérieur, police nationale et gendarmerie) en décembre 2005 mais non publié par le ministre de l'intérieur - on comprend pourquoi - recense les différentes causes de manipulation des statistiques policières[5].

- *La disparition statistique.* On a du mal à le croire mais il suffit de se rendre dans un commissariat pour comprendre. Nombre de personnes qui veulent déposer plainte sont tout bonnement découragées de le faire. Au mieux, on établit une main courante. *« La propension des services à ne pas systématiquement prendre de plaintes pour des faits apparemment avérés »* permet de faire baisser les statistiques. En 2004, *« plus d'un demi-million de faits commis (et de tentatives) de vols, de vols avec violence et de violences physiques contre les personnes, bien que signalés aux services compétents, n'ont pas été enregistrés comme plaintes »*. Les chiffres de la délinquance ont été ainsi sous-estimés de 13% en 2004. Ce demi-million de faits a basculé sur les mains courantes, ces registres tenus dans les commissariats pour relater des événements mineurs, de menus incidents qui ne sont pas susceptibles de poursuites

---

[5] L'Express du 18 mai 2005, Le Canard Enchaîné du 24 mai 2005, Le Nouvel Observateur, 11 janvier 2007.

pénales. Le rapport fait état de la disparition statistique de « *près d'un quart des vols et tentatives de vols, soit près de 400.000 faits, près d'un tiers des violences physiques, soit plus de 92.000 faits et près d'un quart des vols avec violence, soit plus de 36.000 faits* ».

- ***Les causes de cette disparition : les pressions du ministre de l'intérieur pour améliorer les statistiques.*** Le rapport est tout à fait explicite sur les causes de cette disparition : il s'agit tout bonnement d'une manipulation permettant de faire baisser l'image officielle de la délinquance. L'existence de « *pareilles dérives* » provient notamment de « ***la pression exercée sur les services*** *en matière de statistiques de la délinquance* ». On ne peut être plus clair ! Il suffit de s'entretenir un instant avec un policier en France pour comprendre que cette pression est colossale, à tous les niveaux, de haut en bas de la hiérarchie policière.

Où est passé le rapport ?

Lors de l'émission Ripostes, le 10 décembre 2006, sur France 5, nous avions interpellé le ministre sur l'existence de ce rapport des inspections. Après avoir fait l'étonné et feint de croire qu'il n'existait pas, Nicolas Sarkozy nous avait promis de nous le faire parvenir[6]. J'avais fait part de mon scepticisme, soulignant que je n'étais pas le seul à l'espérer et qu'il ferait le bonheur de beaucoup de journalistes. Apparemment le ministre a, depuis lors, été trop occupé pour tenir sa promesse mais tout porte à croire, qu'après son départ du ministère de l'intérieur, son successeur se fera un plaisir de faire resurgir ce rapport.

---

[6] « *un rapport sur quoi ?... je vous garantis que si vous voulez ce rapport, je vous le communiquerai* ». Emission *Ripostes*, France 5, 10 décembre 2006.

La pression exercée sur les services en matière de statistiques : la culture du « résultat »

La formule soigneusement soupesée utilisée par les services de l'inspection – « *pression exercée sur les services en matière de statistiques* » - se comprend très aisément lorsqu'on se rappelle la stratégie du 3+3 fièrement prônée par le ministre de l'intérieur convoquant chaque mois les bons préfets et les mauvais préfets. On imagine aisément ce genre de réunions, la félicité des premiers de la classe et l'angoisse des petits derniers. On imagine encore plus facilement comment cette « culture » a pu se transmettre du haut en bas de la hiérarchie policière, dont on sait qu'en temps ordinaire elle est déjà pour le moins rigide, des commissaires aux officiers puis aux gardiens de la paix. Le mot d'ordre permanent est donc de faire baisser à tout prix les statistiques, l'obsession perpétuelle la diminution des crimes et délits enregistrés. Concrètement, comment faire ? Recueillir le moins de plaintes possibles, s'en tenir à des main-courantes, renvoyer le plaignant vers un autre service, ce qui n'améliore évidemment pas la qualité du service ni les relations avec la population. Ou tout simplement truquer purement et simplement les statistiques. Peu de policiers osent évidemment l'avouer publiquement. Mais personne ne conteste ces témoignages anonymes faute d'être courageux, comme celui d'un commissaire de banlieue : « *quand une bande fait une descente dans un parking et casse 30 voitures, on devrait faire 30 procédures, une par véhicule dégradé. En fait, pour alléger les stats, il suffit de tout rassembler dans un seul fait, et la délinquance baisse* »[7].

Le paradoxe est qu'il faut parallèlement multiplier les interpellations et les gardes à vue pour démontrer que les policiers sont actifs et efficaces. Le nombre de mis en cause

---

[7] Le Nouvel Observateur, 11 janvier 2007, p. 20.

doit donc croître. A cette pression permanente est venue s'ajouter la carotte des primes « au mérite », individuelles et collectives dont les critères d'attribution ne brillent pas par la clarté.

Les effets pervers de cette politique sont connus. La police recherche les infractions les plus faciles, celles qui permettent facilement des faire des « crânes », qui ne nécessitent pas d'investigations trop longues et qui améliorent sans coup férir le taux d'élucidation. Que trouver de mieux qu'une interpellation pour usage de haschisch qui est élucidée immédiatement, automatiquement même ? Il ne s'agit évidemment pas d'accuser les policiers eux-mêmes de telles pratiques. Après un premier temps de séduction, le désenchantement s'est installé et « l'obsession statistique » est aujourd'hui dénoncée par des syndicats devenus de plus en plus rebelles.

Le comble du ridicule a été atteint à la fin de l'année 2006 lorsqu'il a fallu démontrer aux Français que le nombre de voitures incendiées était en baisse. Le ministre de l'intérieur n'a pas hésité à inventer la nouvelle catégorie statistique des « incendies par propagation ». N'étaient officiellement comptabilisées que les voitures incendiées directement : là le chiffre baissait effectivement. Mais dès lors que le feu avait eu la maladresse d'atteindre un véhicule avoisinant, nous n'étions plus dans la criminalité ordinaire, en tout cas plus dans la statistique officielle. Le tour était joué.

En finir avec les manipulations : une institution indiscutable qui remplacerait l'OND et verrait sa mission élargie. L'appel des 115.

Le 25 février 2006 nous étions 115, chercheurs, sociologues, criminologues, enseignants, médecins, psychologues, magistrats, avocats... à signer un appel demandant que soit créée une structure multidisciplinaire d'études et de recherches sur les infractions pénales, leur prévention, leur sanction et leur réparation. L'un des buts de cette structure devant être de « participer à l'information de l'ensemble des citoyens ». Plusieurs parlementaires ont depuis lors signé ce texte[8].

Les constatations que nous venons de faire expliquent le besoin urgent d'un tel organisme indépendant chargé d'apporter un éclairage propre. La délinquance fait nécessairement l'objet d'interprétations mais aussi de manipulations à visée politique et électoraliste. Il ne s'agit pas de se substituer aux politiques. Ils ont, de toutes façons, le droit et le devoir de s'intéresser à la criminalité et de définir une politique de sécurité. Les électeurs en sont juges. Mais par-delà ce débat, quel que soit son niveau, une démocratie s'honorerait à posséder un organisme de référence regroupant les plus hautes autorités en la matière. Les querelles de statistiques doivent cesser. L'Observatoire National de la délinquance créé en 2003 est un bon début mais il n'apporte qu'une réponse partielle et, de plus, son rattachement au ministère de l'intérieur pose problème. Développer et animer la recherche en liaison avec l'étranger, définir de nouveaux outils statistiques incontestables, sont des missions indispensables. Mais l'essentiel est dans l'information du public. Un immense travail pédagogique est à faire. A partir de zéro. Peut-être même d'en dessous de zéro. Car il faut avant tout désapprendre une série de mauvaises habitudes. La lutte contre l'insécurité est en priorité un combat à mener sur le terrain. Mais elle ne peut être fondée sur des peurs irraisonnées, des estimations erronées ou des idées faussement simples. Il existe un savoir

---

[8] Nous avons signé cet appel et proposé dans notre ouvrage « Traité de démagogie appliquée » (Michalon 2006) de créer un « Conseil National de Politique Criminelle » chargé d'une mission de recherche et d'information.

sur la criminalité et son traitement ; il est encore maigre mais ce que les sciences de l'homme ont accumulé depuis deux siècles ne doit pas rester la propriété d'une élite. Il sera impossible de progresser vers une approche plus intelligente et plus démocratique de la sanction si nous en restons à un niveau de réaction primaire fondée sur l'ignorance et la peur.

Supposons qu'au prochain meurtre commis par un criminel sexuel, Patrick Poivre d'Arvor, après avoir obtenu du prochain ministre de l'intérieur la promesse d'une nouvelle aggravation des peines, annonce le sujet suivant. « Nous allons maintenant passer la parole au président du Conseil national de Politique Criminelle. Pourriez-vous nous dire rapidement les caractéristiques et l'importance de cette délinquance-là et nous préciser quels sont les moyens dont dispose la France ou d'autres pays pour lutter contre elle ? »

Mais le débat ne deviendra sérieux qu'une fois le rôle du ministère de l'intérieur remis à sa vraie place dans la lutte contre la délinquance. Les forces de l'ordre ont certes un rôle essentiel dans cette lutte. Leur action, leur présence joue un rôle dissuasif majeur et les enquêtes qu'elles mènent sont décisives. Mais, pour autant, la police n'est pas la seule à pouvoir influencer le phénomène criminel, loin de là. Dans une vision simpliste de la délinquance où seuls comptent la peur de la sanction, la présence du gendarme ou l'exemplarité de la peine, il est cohérent de penser que l'action de la police peut, à elle seule, faire reculer la délinquance. Mais la vie est un peu plus compliquée et les circonstances du passage à l'acte infiniment plus difficiles à cerner. De multiples facteurs influent sur l'évolution de la criminalité. Les lois sociales, l'activité économique, la politique de la ville, le contexte éducatif, la politique de santé... Tous les responsables de ces secteurs d'activité peuvent et doivent revendiquer un rôle. La criminalité n'est pas un produit boursier. On peut admettre qu'un chef d'entreprise, un directeur de société affirme : « nous augmenterons notre chiffre d'affaires de 2% en 2007 », ou « nous réduirons notre frais généraux de 2% ». Il est dommage qu'un ministre de l'intérieur puisse affirmer sans aucun haussement d'épaule dans la salle qu'il demande en 2007 à la police de faire baisser la délinquance de 2% et de faire passer le taux d'élucidation à 35%. Ce qui est en cause ce n'est même plus la qualité du thermomètre, c'est la compréhension de la maladie. Il y a peu de chance, dans cette hypothèse que le malade y trouve son compte.

CHAPITRE II

La prison compulsive

« Il y a 60.000 détenus en France. Qui décide que c'est trop ? Par rapport à quels critères ? Je souhaite qu'aillent en prison ceux qui le méritent » (Nicolas Sarkozy, Le Parisien, 28 mars 2006).

Le recours compulsif à la prison

En octobre 2006, à l'approche de l'anniversaire des émeutes urbaines que la France avait connues en novembre 2005, de graves incidents ont commencé à se produire dans quelques cités. Des policiers ont été pris à partie, voire blessés, par des bandes dans des quartiers à Corbeil Essonnes, aux Mureaux, à Epinay sur Seine... Ce n'était évidemment pas la première fois que de telles attaques se produisaient. Les pouvoirs publics se devaient de réagir et d'affirmer haut et fort que de tels actes donneraient lieu à des enquêtes poussées et à des poursuites énergiques même s'il appartient évidemment au juge et à lui seul, en dernière analyse, de sanctionner. Ces faits graves devaient également être l'occasion de réfléchir à l'utilisation de la police dans les cités, de se pencher sur des mesures préventives propres à éviter de tels incidents et sur l'urgence qu'il y a à retisser les liens entre les forces de l'ordre et la population. Les médias ont lourdement insisté sur ces faits. Chacun se souvient de cette ouverture du journal de 20 heures, le 20 septembre 2006. Aux Tarterets, un soi disant guet-apens avait été tendu la veille à deux CRS. Sur toutes les chaînes de télévision, était diffusée, en premier sujet, une longue interview de ce policier à l'oeil tuméfié, filmé en gros plan sur son lit d'hôpital. Nicolas Sarkozy, à la sortie de sa visite au policier convalescent, tenait une conférence de presse au pied de l'hôpital, promettant l'arrestation des auteurs : « *on ira les chercher un par un !* » Guet-apens ? Le procureur de la République local indiquait pourtant que « *les descriptions des faits font plutôt pencher pour une agression plus ou moins spontanée* » ! Quel besoin d'aller plus loin ? La France avait compris. Plusieurs opinions avaient pu s'exprimer sur le sujet. Les enjeux étaient clairs et l'Etat semblait en voie d'accomplir son devoir.

Et pourtant il a fallu que le ministre de l'intérieur le 19 octobre, deux jours après avoir reçu des syndicats de policiers, propose de renvoyer aux assises « *toute personne qui portera atteinte à l'intégrité physique des policiers, gendarmes ou des sapeurs-pompiers* ». Cette proposition ultra-répressive devait être incluse dans le projet de loi sur « la prévention de la délinquance ». L'opinion publique a pu dans un premier temps être satisfaite. Le trompe l'oeil était parfait. Un homme politique semblait réagir plus fortement, plus vigoureusement qu'un autre. Peut-être avait-il mieux compris la question ? Peut-être était-il plus courageux, plus compétent que les autres ? Peut-être posait-il les vraies questions que les autres n'osaient pas aborder ? Quelques syndicats de policiers étaient « *très satisfaits* » même si quelques uns doutaient un peu des jurés, « *souvent fragiles* » ! Mais pour tous ceux qui s'y connaissaient un tout petit peu, vraiment très peu, l'absurdité d'une telle proposition sautait aux yeux. D'abord les violences sur les policiers étaient suffisamment réprimées dans le code pénal : 5 ans normalement, mais 7 ans en cas de violences commises par plusieurs personnes ou de préméditation ou avec arme, 10 ans si deux de ces circonstances sont réunies. De plus ces violences sont assez nombreuses. Trop nombreuses peut-être pour la capacité des cours d'assises françaises qui ne jugent - avec difficulté - que 3000 crimes par an avec des délais d'audiencement à la limite du supportable. 2390 attaques contre les seuls policiers depuis de début de l'année 2006 précisait Nicolas Sarkozy sur le plateau de TF1 le 19 octobre mais déjà 3.662 le 21 novembre (!) lors du débat à l'Assemblée Nationale. Il faudrait donc pour le moins doubler le nombre de cour d'assises avec tout ce que cela comporte d'investissement immobilier, de recrutement de greffiers, de juges d'instruction, de magistrats chargés de siéger en cour d'assises. Un investissement colossal hors de proportion avec l'état du budget de la justice. Une telle proposition est tout bonnement irréalisable et chacun le sait, le Garde des Sceaux le premier, qui a pourtant immédiatement emboîté le pas à son collègue de l'intérieur sans plus de réflexion.

Cette proposition profondément démagogique a, comme prévu, été discutée dans le cadre du projet de loi sur la soi disant prévention de la délinquance où il n'était déjà question que de répression. Un amendement a été inséré dans ce projet pour créer un nouvel article 222-14-1 créant le crime de « violences volontaires avec arme sur agent de la force publique, sapeur-pompier civil ou militaire ou agent d'une exploitant de réseau de transport public de voyageurs, commise en bande organisée ou avec guet-apens ». 15 ans de réclusion sont prévus. Cette opération législative, menée tambour battant, est l'exemple typique de l'utilisation de la loi à des fins purement électorale sans aucun souci de son efficacité ni même de son applicabilité. Encore un peu plus de prison. Cela ne changera évidemment rien au problème, ni à la crise des banlieues, ni aux attaques de la police lors de ses interventions dans les cités.

La vision simpliste de la délinquance

Si la prison est ainsi utilisée de façon compulsive, c'est qu'elle est une réponse simpliste à une même vision simpliste de la délinquance qui préside à l'utilisation de l'appareil statistique de la police. Le passage à l'acte, la commission d'un crime ou d'un délit ne répondent pas à la logique infantile que l'on nous propose. Les mécanismes qui sont en jeu sont évidemment bien plus compliqués. Cet appel permanent à plus de prison ne s'adresse évidemment pas aux délinquants, mais à l'opinion publique. Si Nicolas Sarkozy vient au journal de 20 heures expliquer à Patrick Poivre d'Arvor son projet répressif, ce n'est évidemment pas pour convaincre ceux qui risquent de s'attaquer aux forces de l'ordre, délinquants qui pourtant, insiste Patrick Poivre d'Arvor, « *ressentent un sentiment d'impunité* ». Le discours s'adresse uniquement à l'opinion publique. La démagogie consiste à faire croire que lorsque l'un d'entre nous viole la loi, il le fait après avoir mûrement réfléchi, après avoir pesé le pour et le contre, et surtout après avoir feuilleté la toute dernière édition du code pénal censée retenir sa main ou lui faire rebrousser chemin. En réalité, dans ce type de raisonnement, l'efficacité réelle de la prison n'a aucune espèce d'importance : ce ne sont pas le délinquant, son avenir, sa réhabilitation ou sa réinsertion, la prévention d'une quelconque récidive ou la protection d'éventuelles victimes qui comptent.

Le tout prison : l'avalanche des lois répressives

Même en connaissant cette « philosophie », on reste stupéfait de l'avalanche de textes qui, depuis 2002 ont régulièrement administré, à toutes les pages du code pénal et du code de procédure pénale la panacée universelle, la seule et unique médecine qui guérit tous les maux, la prison. Toutes les moyens étaient bons. Allonger les peines déjà prévues, créer de nouveaux délits ou de nouveaux crimes, développer toutes les procédures génératrices d'emprisonnement, faciliter par tout moyen la détention provisoire, allonger les délais de détention, retarder les remises en liberté, réduire les libérations conditionnelles... On a du mal à comprendre une telle frénésie législative, un tel acharnement. L'encre d'une loi n'était pas encore sèche, que surgissait un nouveau texte, les lois se mangeaient les unes les autres. Dans ce désordre indescriptible, le citoyen est évidemment perdu depuis longtemps. Il y a belle lurette que l'adage « nul n'est censé ignorer la loi » est devenu une plaisanterie pour étudiant. Plus grave, les praticiens, magistrats, avocats... y perdent leur latin et finissent par regarder passer les lois avec un sourire d'indifférence. Il faut dire qu'au sein même du gouvernement, dont on connaît les déchirures, pour ne pas dire plus, la concurrence est permanente. Une sorte de course à l'échalote où le gagnant est censé être le plus répressif. Nous n'énumérons pas ici les chefs-d'oeuvre de cette législature, fussent-ils impérissables. Le catalogue 2002/2007 est des plus ennuyeux, avec, de plus, un article unique sous des couleurs variés : la prison. Quatre de ces lois méritent un regard rapide.

Dès septembre 2002, la « loi d'orientation et de programmation pour la justice » (loi du 9 septembre 2002 dite « Loi Perben I ») constituait un premier appel massif à l'enfermement. Il était ainsi créé de façon très symbolique un « référé-détention » (la gauche ayant créé, elle, le référé-liberté). Il s'agit à présent de laisser en détention une personne remise en liberté par un juge contre l'avis du procureur de la République. Ce dernier se voit accorder le droit de saisir le premier président de la cour d'appel qui peut alors suspendre la décision jusqu'à l'examen du recours. Les délais de la détention provisoire ordonnée pendant la procédure d'instruction sont allongés dans certains cas : 4 ans et 8 mois en matière criminelle et 3 ans pour les délits. Un plus grand nombre d'infractions peut donner lieu à détention provisoire. Auparavant il fallait, pour les délits contre les biens, que la peine encourue soit de 5 ans pour permettre une détention provisoire. Désormais il suffit que la peine encourue soit de 3 ans. Autre réforme productrice de prison, le champ de la comparution immédiate (dont on sait qu'elle est la procédure qui conduit le plus en détention) est étendue : elle s'applique à davantage de délits. Jusqu'alors elle était limitée à des infractions « moyennes » punies de 1 an à 7 ans de prison. Elle peut s'appliquer désormais à des infractions punies de 6 mois à 10 ans d'emprisonnement. Le droit des mineurs est également réformé pour encourager l'emprisonnement. Jusqu'alors les mineurs de moins de 16 ans ne pouvaient être placés en détention provisoire. Les 13/16 ans peuvent désormais l'être sous certaines conditions en cas de révocation du contrôle judiciaire. Une procédure de jugement à délai rapproché est créée. Les centres éducatifs fermés sont instaurés.

La loi du 18 mars 2003, loi sur la sécurité intérieure est l'oeuvre de Nicolas Sarkozy. Cette loi aggrave les sanctions contre d'innombrables délits. Nombre d'articles contiennent cette disposition récurrente : « les mots deux ans d'emprisonnement sont remplacés par les mots cinq ans d'emprisonnement », « les mots cinq ans d'emprisonnement sont remplacés par les mots sept ans d'emprisonnement »... Elle crée des infractions de pauvreté : mendiants, prostituées, nomades sont sanctionnés comme tels. Sont créés les délits de racolage passif (deux mois d'emprisonnement), de mendicité agressive en réunion (6 mois d'emprisonnement), de rassemblement (« entrave à la libre circulation ») dans les halls d'immeuble (2 mois de prison), d'installation pour les gens du voyage sur un terrain non autorisé (6 mois d'emprisonnement)...

La loi du 9 mars 2004 portant adaptation de la justice aux évolutions de la criminalité, dite Perben 2, perpétue la tradition. D'innombrables crimes et délits voient leur peine d'emprisonnement aggravée. Une nouvelle procédure rapide est créée, la comparution sur reconnaissance préalable de culpabilité, surnommée plaider coupable, permettant de prononcer jusqu'à 6 mois d'emprisonnement ou la moitié de la peine de prison encourue à l'issue d'une procédure sommaire. La détention provisoire pendant l'instruction est encore favorisée par la possibilité donnée au procureur dans certains cas de saisir directement le juge des libertés pour obtenir une mise en détention, si le juge d'instruction s'en est abstenu.

La loi du décembre 2005 relative au traitement de la récidive des infractions pénales, qu'on aurait pu surnommer Sarkozy 2, reprend toutes les recettes précédentes et les aggrave. Tout y passe : élargissement des cas de récidive, limitation du recours au sursis avec la mise à l'épreuve, suppression de la motivation des décisions en cas d'emprisonnement, nouvelle limitation des réductions de peine et incarcération obligatoire sauf motivation spéciale pour certains récidivistes...

Le résultat : une justice extrêmement répressive, la surpopulation pénitentiaire

Cette avalanche de textes répressifs et la volonté constamment martelée de privilégier la prison a évidemment eu un effet immédiat sur la population pénitentiaire. Depuis l'arrivée de la droite au pouvoir en 2002, cette population a augmenté de près de 10.000 détenus : 9.808 exactement entre le 1ᵉʳ janvier 2002 et le 1ᵉʳ janvier 2007, soit + 20,18%. Il y a exactement 60771 personnes détenues au 1ᵉʳ avril 2007. Le nombre de personnes incarcérées dans l'année a augmenté de 18232 entre 2001 et 2005, soit + 27%. Ces chiffres se passent de commentaires.

Année	1997	1998	1999	2000	2001	2002	2003	2004	2005	2006	2007
Détenus au 1ᵉʳ janvier	53845	54269	52961	51441	47837	48594	55407	59.246	59.197	59.522	58.402
Entrés en prison	79334	76461	77214	68765	67308	81533	81905	84710	85540	nd	nd

Source : Ministère de la Justice, Administration Pénitentiaire, Chiffres-clés

La conséquence de cette sur-répression est que les prisons sont pleines à craquer. La surpopulation est une réalité effrayante, au-delà de ce que les simples chiffres laissent à penser. Selon les données les plus récentes, celles du 1ᵉʳ avril 2006, il y avait en France 60771 détenus pour 50207 places, soit 121 détenus pour 100 places. Cette densité pénitentiaire est très variable selon les établissements. Dans les prisons pour peine elle est inférieure à 100, mais c'est dans les maisons d'arrêt (où séjournent 70% des prisonniers) que sévit la surpopulation. Dans dix établissements ou quartiers la densité est supérieure à 200%, 42 ont une densité comprise entre 150 et 200. À Bonneville par exemple on compte 204 détenus pour 90 places.

20000 détenus « exceptionnels » en détention provisoire

Le paradoxe est que le tiers des prisonniers en France sont en détention provisoire, c'est à dire en attente de leur jugement, et, au regard de la loi « présumés innocents ». On peut se demander, à lire la loi, comment une telle réalité est possible. Le code de procédure pénale ne cesse de répéter que la détention provisoire - avant jugement donc - est « exceptionnelle ». Des critères très précis sont même prévus, censés limiter les excès. Mais depuis 2001, le nombre de détenus provisoires n'a cessé d'augmenter. La gauche avait voté en juin 2000, avec l'approbation silencieuse de la droite - qui estimait que la majorité de l'époque n'allait pas assez loin ! - une loi extrêmement protectrice de la présomption d'innocence. Quelques lois répressives plus loin, en mars 2007 le nombre de détenus provisoires est passé de 16.000 à 18500 après avoir connu une pointe à 21700 en 2003! L'exception est devenue la règle. La présomption d'innocence est devenue la présomption de culpabilité, le ministre de l'intérieur faisant d'ailleurs souvent le lapsus[9].

La comparution immédiate qui a les faveurs du législateur - au point d'être étendue, grâce à la loi sur la prévention de la délinquance, aux mineurs - est devenue le principal pourvoyeur de la détention provisoire. Jusqu'en 2005, les personnes faisant l'objet d'une procédure suivie chez le juge d'instruction, composaient la majeure partie de ces détenus provisoires[10]. Désormais, ce sont les personnes jugées en comparution immédiate qui les ont supplantés. Autre paradoxe, puisque cette procédure de comparution immédiate est réservée théoriquement aux affaires en état d'être jugées : on ne voit pas très bien, dès lors, comment une détention provisoire est possible ! Mais elle l'est pourtant, et à très grande échelle. Pourquoi ? Tout simplement parce que la loi n'est pas appliquée : la politique aujourd'hui choisie est de faire juger vite, très vite (« en temps réel », selon l'expression consacrée). Si vite, que les affaires qui arrivent devant les

---

[9] Voir par exemple France 2, « à vous de juger ».
[10] Rapport de l'Assemblée Nationale : « la France face à ses prison ». Rapport du Sénat : « les conditions de détention dans les établissements pénitentiaires en France ».

tribunaux correctionnels pour être ainsi jugées ne sont pas « en état » de l'être. Il faut renvoyer le dossier et les juges utilisent alors massivement la détention provisoire.

La magistrature est évidemment responsable de cette situation. Ce sont les tribunaux qui placent sous mandat de dépôt. Ce sont les tribunaux qui pourraient ne pas le faire. Mais cette responsabilité est largement partagée avec l'autorité politique qui, on vient de le voir, modifie intentionnellement la loi pour favoriser et étendre la détention provisoire.

	1998	1999	2000	2001	2002	2003	2004	2005	2006	2007
Détenus provisoires au 1/1	21591	20452	18100	16107	16124	20852	21749	20910	19732	18.483
Détenus au 1er janvier	54269	52961	51441	47837	48594	55407	59.246	59.197	59.522	58.402
%	39,8	38,6	35,2	33,7	33,2	37,6	36,7	35,3	33,8	31,6

Les peines alternatives : le recul

La prison s'étend et, logiquement, les autres peines possibles, les peines « intelligentes », celles qui demandent un peu de réflexion du côté des autorités, un peu de mobilisation du côté des délinquants, et surtout une véritable implication du corps social, reculent ou stagnent. L'exemple le plus attristant est celui du Travail d'Intérêt Général (TIG) qui est en baisse importante. Cette peine avait été créée par la gauche en 1983 (loi du 10 juin 1983). Le nombre de mesures prononcées ne cesse de diminuer, passant de 23500 en 1998 à mois de 18.000 ces dernières années avant de remonter légèrement à 20000 en 2004. Ces sanctions restent à un niveau ridiculement bas puisqu'elles ne représentent que 4% des condamnations prononcées par les tribunaux.

	1995	1996	1997	1998	1999	2000	2001	2002	2003	2004
sursis TIG prononcés	9945	11615	11808	11664	11488	10190	8969	8917	8822	10055
TIG prononcés	11364	11580	11733	11274	11120	10200	8576	8350	9059	10225
Total	21309	23195	23541	22938	22608	20390	17545	17267	17881	20280
TIG en cours au 1/1	18928	20903	22812	23763	23952	24962	25411	23488	19106	17990

L'état des prisons en France : une catastrophe

Le plus extraordinaire c'est qu'au moment même où il pleuvait de la prison sur le code pénal, la dénonciation de la prison était à son comble. Tous les constats effectués depuis au moins une dizaine d'années en France sont autant de signaux d'alarme qui devraient obliger l'ensemble de la classe politique (droite et gauche comprise) à tenir un discours responsable sur le recours à l'emprisonnement. Impossible de tous les rappeler ici. Contentons-nous des derniers en date.

Il y a sept ans, nombre de parlementaires français se pressaient dans les établissements pénitentiaires français. ***Deux rapports étaient déposés en juin 2000 à l'Assemblée Nationale et au Sénat***[11]. L'intérêt de ces rapports est qu'ils émanaient de parlementaires de tout bord, droite et gauche confondues. Mais leur constat était identique. Les Sénateurs écrivaient même, à propos des maisons d'arrêts qu'elles étaient dans « *une situation indigne de la patrie des droits de l'homme* ». La surpopulation carcérale était d'abord dénoncée, avec ses conséquences (la violence, l'inapplication

---

[11] En 2005, sur 81.629 entrées en détention provisoire, on compte 29.466 personnes en procédure de comparution immédiate et 28.387 faisant l'objet d'une information.

de la loi, mais aussi la vétusté des établissements, le coût considérable d'une administration dont la fonction devait être repensée. Les parlementaires étaient tous d'accord sur la nécessiter de « limiter les incarcérations ».

Le rapport du *Comité européenne pour la prévention de la torture* (organisme dépendant du Conseil de l'Europe) suite à sa visite de juin 2003 (rapport publié en mars 2004, www.cpt.coe) relate les conditions de détention notamment à la maison d'arrêt de Loos-les-Lille. Cet établissement est d'une capacité réelle de 461 places et comptait 1103 détenus. Son taux d'occupation était de 239%. La maison d'arrêt de Toulon était, elle, occupée par 348 détenus pour 150 places. Le comité déplorait que le principe de l'encellulement individuel pour les prévenus dont la mise en application était prévu au 15 juin 2003 ait été repoussé de 5 ans ! par une loi du 12 juin 2003. Le rapport décrivait les conditions inadmissibles de la détention dans de telles conditions. À Loos, les détenus étaient confinés à trois dans des cellules de quelque 9m2, ou, au quartier des femmes, à quatre, voire même à cinq, dans des cellules de 12m². La nuit, l'une d'elles devait dormir sur un matelas. Les locaux étaient vétustes, sales, voire, pour certains d'entre eux, insalubres... *« Des containers débordant d'immondices malodorantes étaient laissés plusieurs heures durant à l'entrée des sections, par là-même où étaient acheminés les chariots de repas... »* Cette situation avait des conséquences catastrophiques dans tous les compartiments de la vie en prison. Le comité préconisait *« une réduction immédiate et drastique du surpeuplement »*.

Le rapport du *Commissaire Européen aux Droits de l'Homme, Alvaro Gil-Robles,* en février 2006 est accablant. Il insiste sur le problème de la surpopulation et sur le manque de moyens. La surpopulation, soulignait-il, avait un effet pervers : au lieu de conduire vers la réinsertion, elle endurcissait le détenu et provoquait sa révolte. *« Les cellules insalubres, les sanitaires en mauvais état, le nombre réglementé de douches que les prisonniers peuvent prendre par semaine, le linge et les couvertures médiocres nous ont été dénoncés sur la quasi-totalité de notre visite. Il m'a été difficile de recevoir des plaintes au début du XXIème siècle en France décrivant l'insuffisance du nombre de douches et l'impossibilité d'en prendre une quotidiennement, même en été à un moment où les températures sont souvent caniculaires. Ainsi, j'ai été choqué par les conditions de vie observées à la Santé ou aux Baumettes. Ces établissements m'ont semblé particulièrement démunis. Le maintien de détenus en leur sein me paraît être à la limite de l'acceptable, et à la limite de la dignité humaine ».*

En juin 2006, le rapport de la commission d'Outreau n'est pas consacré aux prisons mais il évoque la façon dont la détention provisoire a été vécue par des innocents qui en ont réchappé (l'un d'entre eux s'est suicidé en prison) et dénonce les excès de la détention provisoire. Le constat fait, là, dans une affaire particulière, rappelle celui des rapports de juin 2000 : « *l'utilisation qui fut faite de la détention provisoire et la caractère inopérant de son contrôle, resteront sans doute, par leurs conséquences humaines, le dysfonctionnement majeur de l'affaire d'Outreau* ». Les parlementaires relèvent

- la proportion excessive de placements en détention provisoire
- la durée des détentions provisoires et la longueur de cette mesure alors qu'aucune investigation n'était plus en cours
- les conditions inadmissibles du régime de la détention provisoire
- le nombre de demandes de mises en liberté déposées par les acquittés et refusées : 363.

Le comité consultatif national d'éthique (CCNE) est un organisme particulièrement compétent composé de médecins éminents. Dans un avis rendu public en décembre 2006, il dénonce, avec une violence surprenante et totalement inhabituelle pour un tel aréopage, l'état des prisons en France, en l'examinant sous l'angle de la santé. Il considère notamment que « *l'incarcération et le maintien en prison des malades mentaux posent des problèmes éthiques graves* », alors que 20 % de la population pénale est constituée de malades psychiatriques, qui sont « *de moins en moins reconnus comme irresponsables* ». Il dénonce la surpopulation carcérale et le recours à la détention provisoire pour des prévenus présumés innocents. « *La prison ne peut être un lieu où le détenu n'a pas accès aux droits fondamentaux garantis à tous par la loi et notamment le droit à la santé... La prison est aussi cause de maladie et de mort : c'est un lieu de régression, de désespoir, de violences exercées sur soi-même et de suicide* », poursuit le CCNE,. Il regrette le faible nombre de libérations de prisonniers en fin de vie et « *le maintien en prison de personnes qui ne devraient pas y être* », en citant « *les mourants, les grands vieillards, les personnes lourdement handicapées* ». La réflexion sur la santé en prison, estime le CCNE, doit s'élargir à « *un problème qui engage la société dans son ensemble : nous sommes tous, en tant que collectivité, et chacun d'entre nous, en tant que citoyen, responsables du respect de la dignité humaine des personnes détenues* ».

L'inefficacité de la réponse-prison

La prison est dans un tel état que l'emprisonnement ne peut, aujourd'hui, rien apporter si ce n'est une élimination temporaire du délinquant mais aussi une détérioration du détenu et une insécurité majeure pour l'avenir. En 2007, en France, le choix de la prison, qu'il s'agisse du législateur ou du juge, ne peut être qu'un pis aller, une solution du dernier recours. L'état actuel des maisons d'arrêt françaises est tel qu'il devient risqué d'y placer qui que ce soit. Elle expose le prisonnier à un certain nombre de dangers. Il faut donc d'excellentes raisons pour que la société prenne ce risque. Elle doit le prendre dans certains cas, mais à condition de mener par ailleurs une autre politique fondée sur un véritable individualisation de la peine et sur le respect des valeurs de la démocratie. Or les solutions mises en oeuvre depuis 2002 et celles que nous promet le candidat-ministre prennent allègrement ce risque de la prison et même l'accroissent puisque la seule réponse proposée est un développement de l'emprisonnement.

Mais l'état des prisons n'est la pas la seule raison incitant à sa restriction. La vraie raison est son inefficacité. Inefficacité à faire baisser la délinquance, inefficacité à empêcher la récidive. Plus de prison n'apporte pas plus de paix dans la cité. Leurs deux millions de détenus n'ont pas rendu les Etats Unis plus sûrs. Cette élimination sociale temporaire est, dans la gamme des peines, la plus lourde, la moins efficace et la plus coûteuse. Mais, tant que l'homme n'aura pas inventé d'autre façon de protéger la société, il faudra bien, dans certains cas, y recourir, avec détermination certes, mais aussi avec une grande prudence, à l'issue d'un examen sérieux et après une réflexion réelle et approfondie sur chaque cas. Car, contrairement aux idées reçues, l'efficacité d'une sanction ne dépend pas de sa sévérité ou de la souffrance qu'elle fait naître. C'est d'ailleurs dans les époques et les pays où les peines sont les plus cruelles que la criminalité est la plus développée. L'efficacité d'une sanction est plus complexe ; elle résulte de l'intelligence de son choix, de l'analyse de la personnalité du délinquant, de la pertinence du traitement proposé, de son acceptation par l'intéressé et de sa compréhension par la victime et la société toute entière.

L'absence consternant de politique pénitentiaire : la politique du 14 juillet

Il n'existe en France strictement aucune politique pénitentiaire. Il suffit pour s'en convaincre de regarder chaque année la courbe des chiffres de la détention. Qu'y voyons-nous ? Toujours la même courbe, indéfiniment. D'octobre à juillet une courbe ascendante : les magistrats mettent en prison. Août, septembre, le roi les vide. Le roi, ou ce qu'il en reste, le président de la République qui use de ce vieux pouvoir régalien du droit de grâce, avec le paradoxe qu'il s'exerce le 14 juillet. Des milliers de détenus sortent de prison. Pourquoi ? Parce qu'il fait beau ? Parce que la Bastille a été prise il y a quelque temps ? L'absurdité d'une telle situation serait comique si le sort de milliers d'hommes n'en dépendait.

Des solutions possibles, une prise de conscience collective

La prison est une des réponses à la délinquance. Elle doit retrouver sa place, une place limitée dans l'arsenal des peines, parmi les solutions d'exclusion dont dispose la société. Plusieurs voies doivent être explorées en parallèle.

- ***Les politiques.*** Nous sommes tous responsables de l'état actuel des prisons. Il ne s'agit pas de jeter la pierre aux politiques, aux magistrats ou à l'opinion publique. Chacun doit avoir conscience de sa propre responsabilité. Les politiques doivent cesser de recourir compulsivement à la prison, arrêter de chercher leur popularité, à chaque événement médiatique, dans un appel irréfléchi à plus d'emprisonnement. Leur engagement ne doit plus être cyclique. Il ne s'agit plus d'écrire des rapports indignés tous les dix ans, de refaire une commission Outreau à la prochaine catastrophe, mais d'inscrire l'action politique concernant la prison dans le long terme et dans un projet cohérent. Dores et déjà, le ministre de la Justice, plutôt que d'essayer d'attacher son nom à une énième loi sur la détention provisoire vouée à peupler le cimetière des grandes réformes, fera bien de mettre en oeuvre ses pouvoirs ordinaires, lui qui dirige tous les parquets de France. Quelle meilleure preuve de sa détermination, de sa bonne foi, et de son intelligence que de donner des instructions pour que la loi sur la détention provisoire soit enfin appliquée à la demande des parquets ? En s'appuyant sur une structure scientifique et impartiale telle que le Conseil National de Politique criminelle dont nous parlions précédemment (ou toute autre du même type), il faut avant tout que les pouvoirs publics et les ministres les plus concernés (justice, intérieur) aient inlassablement une action pédagogique vis à vis de l'opinion publique.

- **Les magistrats** ont une responsabilité tout aussi grande. Ils ont tout à gagner à se rapproprier leur rôle de gardien des libertés dans un domaine aussi sensible que celui de la prison. Ils seront réellement juges en assumant cette indépendance première qui leur demande d'appliquer la loi et les principes fondamentaux du droit, même s'ils sentent l'hostilité d'une partie de l'opinion publique. La sécurité des citoyens sera mieux assurée si les détenus sont traités dignement. La protection des victimes passe par une utilisation modérée de la prison. La prévention de la délinquance exige une politique restrictive de l'emprisonnement et le développement de toutes les mesures alternatives. La réflexion doit remplacer les habitudes, la motivation doit supplanter le réflexe, le souci de l'individu, l'écoute du justiciable ne peuvent conduire qu'à des peines intelligentes acceptées de tous.

- ***Loi pénitentiaire et code pénal.*** Si loi il doit y avoir, elle doit avoir un rôle avant tout symbolique. Un vrai débat national sur la prison peut naître à cette occasion mais aussi sur le rôle et le sens de la peine. Cette loi permettrait de faire entrer en vigueur les règles pénitentiaires européennes qui viennent d'être définies par le Conseil de l'Europe. L'Europe ne doit pas être invoquée uniquement lorsqu'elle propose de renforcer la lutte contre la criminalité. Le respect absolu du nombre de places en prison doit être inscrit définitivement dans la loi, pas uniquement pour les établissement pour peine mais pour toutes les prisons.

Une retouche du code pénal serait la bienvenue. À lire la loi, on a l'impression que la seule peine possible est la prison. Pour n'importe quelle infraction, une fois sa définition posée, on lit immédiatement : « sera puni de tant d'années de prison et d'une amende ». Pourquoi cette référence automatique à l'emprisonnement ? Pourquoi, pour les délits d'atteinte aux biens, par exemple, ne pas proposer immédiatement un travail d'intérêt général ? On pourrait lire : le vol sera puni au maximum d'une peine de 300 heures de travail d'intérêt général. L'emprisonnement resterait possible en cas de récidive. Toutes les peines dites « alternatives » doivent être réhabilitées et développées. Si l'administration pénitentiaire cesse d'être ce gouffre budgétaire, il sera possible de recruter massivement des éducateurs, des travailleurs sociaux et du personnel de soin pour rendre la prison moins inhumaine et développer enfin réellement le « milieu ouvert ». Inutile de relancer une politique de libération conditionnelle, de développer d'autres types de peines si le personnel éducatif et soignant reste au niveau où il est aujourd'hui.

Chapitre III

Justice automatique

L'excuse et la barbarie

« *Si l'on excuse la délinquance aujourd'hui, il faut s'attendre à la barbarie demain* » affirme Nicolas Sarkozy. L'expression revient souvent dans sa bouche, le slogan, apparemment réussi ayant eu l'heur de plaire. Excuser : mettre hors de cause, justifier, pardonner. Barbarie : état très éloigné de la civilisation, acte d'une grande cruauté. Qui justifie ou pardonne les délinquants en France ? Apparemment personne. Qu'est-ce qu'un barbare ? « *Le barbare, c'est d'abord l'homme qui croit à la barbarie* », disait Claude Lévi-Strauss. La formule de Nicolas Sarkozy est évidemment malheureuse. Mais il faut la suivre jusqu'au bout, au-delà du haussement d'épaule que provoquerait un bon mot légèrement maladroit. Le mot barbarie sert à décrire cette fin de civilisation, cette décadence violente qui suivrait une trop forte compréhension de l'acte de délinquance, qui s'accompagnerait d'un énervement de la répression et en définitive d'un refus de juger. Tenter de comprendre aboutirait finalement à laisser les délinquants en liberté et à accroître le crime dans un monde sans juge ni police, un monde sans règle, ni loi. On peut se demander d'où Nicolas Sarkozy tient cette vision apocalyptique qui ne correspond à aucune évolution encore connue de l'humanité. Pourquoi assimiler le questionnement sur les causes du crime à une excuse ? Pourquoi cette peur de comprendre ?

Peut-être ce refus s'explique-t-il par la crainte d'être confronté aux véritables causes de la délinquance, et à cette vérité d'évidence : le délinquant n'est pas un monstre, il nous ressemble, il n'a pas de gêne particulier. Nous pourrions être à sa place si sa vie avait été la nôtre. Nous avons tous en nous de quoi faire un parfait délinquant.

En fait, il est beaucoup rassurant de penser qu'il n'y a rien à comprendre. Nous évitons ainsi de jeter le moindre regard et sur nous-mêmes et sur le monde qui nous entoure. Dès lors la délinquance devient quelque chose d'extérieur, une entité propre. Elle n'a pas de cause, elle est un pur produit. Nous pouvons la choisir ou la rejeter librement. Elle fait l'objet d'un pur choix de l'esprit humain. Elle est l'expression d'une volonté délibérée. Commettre un crime ou un délit devient une affaire de volonté, une volonté qu'il faut donc briser puisque c'est à ce niveau-là qu'il faut agir, à l'exclusion de tout autre. La lutte pour la sécurité devient dans cette optique un combat de volontés contraires : d'un côté celle du délinquant qui tient farouchement à passer à l'acte pour y trouver diverses satisfactions, de l'autre celle de l'Etat protecteur qui doit légitimement punir sévèrement et même de plus en plus sévèrement si le délinquant persévère et récidive.

Quand les esprits seront mûrs ou la rengaine des pleines plancher

« Je demande que les peines plancher, c'est à dire que des gens qui reviennent pour la 20ème fois devant le tribunal correctionnel, je souhaite qu'ils soient automatiquement condamnés à une peine lourde » (Emission à vous de juger, France 2). *« Faut-il établir des peines minimales, dites "plancher" ? À terme oui ; mais les esprits ne sont peut-être*

pas encore assez mûrs pour cela » (intervention du 21 novembre 2006 à l'Assemblée Nationale).

Voici plus de deux ans que le fruit mûrit. Inlassablement Nicolas Sarkozy revient sur le sujet et en fait l'un de ses principaux chevaux de bataille. Il avait tenté, en vain, d'introduire cette réforme dans la loi sur le traitement de la récidive promulguée en décembre 2005. Personne n'en voulait, sauf lui : il a du renoncer provisoirement. Il a retenté sa chance un an plus tard, dans le cadre de la loi sur la prévention de la délinquance ; il voulait, là, faire appliquer les peines plancher aux mineurs récidivistes. Le groupe parlementaire UMP a tenté de proposer un amendement en ce sens mais la manoeuvre a échoué de la même façon et pour les mêmes raison qu'en 2005. L'UMP n'a pas osé et le premier ministre a renouvelé sa profonde hostilité au principe.

On peut légitimement se demander pourquoi une telle obstination. Le ministre-candidat a au moins le mérite du courage car il était très isolé dans la classe politique, en dehors de ses amis proches, lorsqu'il a commencé à proposer cette mesure. Au sein du gouvernement, depuis 2002, il n'a trouvé aucun appui. Même ses fidèles alliés que furent les gardes des sceaux successifs, Dominique Perben ou Pascal Clément, pourtant prompts à le soutenir, ont condamné son initiative. Tous le lui ont dit sur tous les tons, rien n'y a fait. La réforme a donc été écartée provisoirement des registres du parlement mais elle resurgit dans la campagne présidentielle. Si le ministre de l'intérieur est élu, il a promis qu'il la ferait voter « *tout de suite* ». Il faut donc essayer de comprendre le sens de cette proposition, dans quel projet elle s'inscrit et si elle correspond à un vrai problème. D'autant que cette idée de peine plancher, proposée aujourd'hui, pour les récidivistes majeurs puis mineurs, a toute chance, si son promoteur est élu, de s'appliquer à bien d'autres catégories de délinquants que les récidivistes.

Peine-plancher, peine-plafond, l'argumentation de Nicolas Sarkozy

L'argumentation principale en faveur de la peine-plancher est très simple. Elle de **nature purement répressive**. Il s'agit de frapper fort pour être dissuasif. On rejoint là la philosophie de base sur l'excuse et la barbarie. Tel était le motif principal de la proposition de loi déposée le 4 février 2004 par les amis du ministre de l'intérieur, M. Estrosi en premier. Son intitulé était clair : « *proposition de loi tendant à instaurer des peines minimales en matière de récidive* ». L'exposé des motifs était une longue lamentation répressive contre les réductions de peine. « *Les peines prononcées par les juridictions répressives en cas de récidive légale restent la plupart du temps très largement inférieures au maximum de peine encourue hors application des dispositions d'augmentation de la peine. En outre, les mesures d'aménagement de la peine et l'application des dispositions relatives au cumul et à la confusion des peines ôtent au principe d'aggravation des peines en matière de récidive légale une grande partie de son exemplarité et de son effet dissuasif* ». En conséquence, « *le dispositif proposé adressait un message fort aux délinquants afin de ne plus banaliser la récidive légale* ». Il ne s'agissait pas, contrairement à ce que laisse croire le ministre-candidat de punir celui qui revient pour « la 20ème fois » mais celui qui revient simplement pour la 2ème fois. Il est évidemment plus facile de parler de la 20ème fois que de la seconde ou de la troisième. Mais dans la réalité, la peine plancher sera très rapidement applicable. Le disposition mérite d'ailleurs qu'on la rappelle. Pour les délits, à la première récidive, la peine serait fixée à un tiers de l'emprisonnement ferme maximum prévu, à la deuxième aux

2/3 et à la troisième, c'est le maximum qui serait automatiquement appliqué sauf si, « à titre exceptionnel », par décision spécialement motivée le juge en décide autrement. On voit donc que le terme de « peine-plancher » est impropre, il faudrait plutôt parler de « peine-plafond ». Dans leur fureur de répression, les auteurs de la proposition demandaient même qu'aucun aménagement de peine ne soit possible pour les récidivistes de la part du juge de l'application des peines et que même le placement sous surveillance électronique soit exclu.

Le système de peine-plancher désormais proposé par Nicolas Sarkozy est encore plus sévère que celui développé début 2004. Il l'a exposé dans une interview au Parisien, le 21 février 2007 puis dans une interview à RMC le 26 février 2007 : *« alors je demande donc que lorsqu'il s'agit d'un récidiviste, à la première récidive, il sache qu'on ne peut pas le condamner à moins de la moitié de la peine potentielle. A la deuxième récidive, qu'il ne puisse pas être condamné à moins des deux tiers de la peine potentielle... Et pour la troisième, ce sera 100% de la peine prévue »*.

L'autre argument avancé pour les peines planchers tient à une sorte de parallélisme des formes.

« Si le plafond des peines n'empêche pas la liberté, pourquoi le plancher le ferait-il ? » s'exclame naïvement Nicolas Sarkozy le 7 novembre 2006 devant un parterre de procureurs généraux et de recteurs. Personne n'a répliqué à cette « pensée » profonde. Mais chacun comprend la différence sans qu'il soit besoin d'être ni avocat, ni procureur général. La fixation d'un maximum par la loi répond au souci d'établir une proportionnalité entre l'acte et la peine : on ne peut pas punir un vol simple de 30 ans de réclusion criminelle. Il faut donc prévoir, pour protéger la liberté, que le juge soit limité par un plafond qui sera, autant que faire se

peut, proportionné à la gravité moyenne de l'infraction. Il s'agit d'une garantie contre l'arbitraire des juges.

Prévoir un minimum de peine en dessous duquel le juge ne peut descendre répond à un souci complètement différent. Cette institution ne protège la liberté de personne. Elle est simplement l'expression d'une volonté répressive de punir coûte que coûte.

Les oppositions au sein de la droite

Contre ce système de peines plancher, plusieurs voix se sont élevées. Les plus intéressantes viennent du propre camp de Nicolas Sarkozy.

Dominique Perben, alors Garde des Sceaux, le 4 décembre 2003, ironique : « *la justice n'est pas un questionnaire à choix multiples. Attention de ne pas s'enfermer dans un catalogue de peines* ». Puis le 29 janvier 2004 : « *dans un état démocratique, il faut laisser au juge indépendant la possibilité de tenir compte de la personnalité du délinquant et du contexte dans lequel le délit a été commis* ». Il estimait qu'une loi contraire serait « *sans doute anti-constitutionnelle* ».

Dominique de Villepin, ministre de l'intérieur, le 22 avril 2004, énergique : « *je suis contre l'automaticité de la peine et pour l'individualisation, ce qui peut supposer une aggravation de la sanction pour les multirécidivistes. Personnalisation ne veut pas dire laxisme* ».

Jean-Luc Warsmann, membre UMP de la commission des lois, le 8 décembre 2004, patriotique : « *les peines plancher sont une inspiration du droit anglo-saxon. Les instaurer reviendrait à bouleverser la philosophie du droit français, remettrait en cause l'individualisation des peines. Et ça, nous ne le souhaitons à aucun prix* ».

Dominique de Villepin, premier ministre, le 10 novembre 2006, pédagogique : « *faut-il aller jusqu'aux peines plancher ? Je ne le crois pas.* Pour *qu'une peine soit efficace, il faut qu'elle soit personnalisée. Ce qui compte, ce n'est pas d'alourdir à l'excès les sanctions sur le papier, c'est de s'assurer que les sanctions soient effectivement appliquées sur le terrain* ».

L'échec historique des peines automatiques

En fait ce système de peine plancher ou de peine fixe ou encore de peine automatique s'est toujours heurté en France à l'hostilité des juges. Mouvement corporatiste ? Défense indigné des magistrats attachés à leurs prérogatives ? Non, il s'agit d'un mouvement naturel, propre à l'acte de juger, qu'il s'agisse d'un délinquant primaire ou d'un récidiviste, d'une personne poursuivie pour délit ou pour crime. Les premiers refus n'émanaient pas de juges professionnels mais de jurys. Au début du XIXème siècle, les jurys préféraient déclarer des coupables innocents plutôt que de les condamner à des peines fixes trop fortes dont ils ne voulaient pas. Montesquieu lui-même disait : « *lorsque la peine est sans commune mesure, on est souvent obligé de lui préférer l'impunité* ». Le même mouvement était constaté lorsque la relégation était une peine obligatoire : les juges préféraient ne pas prononcer la peine qui allait automatiquement entraîner l'application de la relégation. Face à un homme, qu'il soit délinquant récidiviste ou non, à l'écoute de sa vie, les plus belles constructions légales volent en éclat. C'est pourquoi, au terme de longues discussions, le nouveau code pénal français en vigueur depuis le 1er mars 1994, a supprimé la notion même de minimum de la peine, préférant limiter les ambitions de la loi à la fixation du maximum de la peine.

Les peines plancher à l'étranger

On pourrait considérer que les peines planchers s'imposent en France parce qu'elles ont acquis leurs lettres de noblesse à l'étranger, que leur importation est une évidence, devant laquelle la tradition juridique française - qui n'est peut-être pas si déterminante - devrait s'incliner. Mais l'examen des expériences étrangères est loin de soulever l'enthousiasme qu'on imaginait. Et, pour tout dire, c'est plutôt un sentiment d'effroi qui vous gagne et glace les premiers enthousiasmes. Certes les Etats Unis, du moins plusieurs états des Etats Unis, ont expérimenté les peines automatiques et beaucoup de démagogues ont réussi à conforter leur carrière politique sur des propositions de loi de ce type-là qui sont apparues dans les années 80. Car ces lois-là sont extrêmement populaires. On aurait tort de l'oublier. Elles ont l'immense mérite de la simplicité. Tout le monde n'a pas envie de réfléchir au sort des prisonniers : un délinquant puni a le sort qu'il mérite. Pourquoi s'embarrasser d'une quelconque réhabilitation ? Pourquoi se fatiguer quant la messe est dite, quand la peine a été prononcée ? Aux Etats Unis beaucoup de législations ont ainsi fleuri sur le terreau de la simplicité et de la démagogie. L'esprit de ces lois est exactement le même que celles que nous propose Nicolas Sarkozy. Empêcher les réductions de peine en appliquant le principe de la vérité des sentences (« Truth in sentencing »): la majeure partie de la peine (85% généralement) doit être effectivement purgée en prison. Obliger le juge à prononcer une peine plancher (« mandatory minimum sentences ») sans qu'il puisse prendre en considération une quelconque circonstance atténuante. Prévoir une peine très élevée et incompressible à partir de la troisième condamnation : la fameuse loi dite *« three strikes and you're out »* (expression de base ball : trois infractions et vous êtes hors jeu). Les peines s'échelonnent alors de 25 ans de réclusion à la réclusion criminelle à perpétuité.

Les exemples aberrants d'application de ces lois aberrantes sont connus.

- réclusion criminelle à perpétuité assortie d'une mesure de sûreté de 27 ans pour le vol d'une roue de secours après deux condamnations pour vol avec effraction.

- 25 ans d'emprisonnement pour le vol d'une pointe de pizza après avoir été condamné pour cambriolage et possession de drogue.

- réclusion criminelle assortie d'une mesure de sûreté de 25 ans pour détention de 0,5gramme d'héroïne, après deux condamnations pour vol avec effraction.

- 30 ans d'emprisonnement pour avoir volé le magnétoscope et la collection de monnaie de son voisin alors qu'il avait été condamné deux fois pour avoir mis le feu à une boîte à ordure et au vide-poche de la voiture de son voisin.

Les conséquences de ces lois sur la société américaine sont aussi connues : en 30 ans, la population pénitentiaire des Etats Unis est passée (1972-2003) de 330.000 à plus de 2 millions Les conséquences de cette enfermement de masse commencent à se faire sentir car ces personnes qui ont passé de si longues années en prison finissent quand même par sortir dans des conditions épouvantables. On imagine l'ampleur des difficultés pour ces populations qui tentent de reprendre une vie normale après une si longue absence et les risques de toutes sortes qu'ils encourent ainsi que la société dans son ensemble.

La loi n'est pas faite pour le particulier mais pour le général

Si l'hostilité est si forte contre les peines automatiques et les échecs si patents, c'est que le système recèle de graves dangers. Il repose surtout sur une conception erronée du rôle et de la place de la loi, ce qui est assez gênant dans une démocratie. La loi est faite pour le général, pas pour le particulier. C'est cette perspective, large et souple, qui permet au citoyen, à l'administration, au juge, à la défense, de faire passer la vie, l'équité, le souffle de l'imprévu, de l'imprévisible, de l'inconnu, bref, du juste. Cette constatation-là n'est ni très originale, ni bien neuve. On hésite à citer Aristote pour ce débat. Il ne s'agit pas de se référer à la justice de la Grèce antique mais simplement à une des plus grandes intelligences du monde qui, il y a 2300 ans, réfléchissait pertinemment au rapport de la loi et du juge sous l'angle des notions de l'équitable et du juste. *« L'équitable, tout en étant supérieur à une certaine justice, est lui-même juste, et ce n'est pas comme appartenant à un genre différent qu'il est supérieur au juste... Ce qui fait la difficulté, c'est que l'équitable, tout en étant juste, n'est pas le juste selon la loi, mais un correctif de la justice légale. La raison en est que la loi est toujours quelque chose de général, et qu'il y a des cas d'espèce pour lesquels il n'est pas possible de poser un énoncé général qui s'y applique avec rectitude »* (Ethique à Nicomaque, V, 14).

Ces quelques lignes permettent de bien comprendre quelle est l'essence de l'acte de juger et en quoi un système de peine automatique est un non-sens. Mais pour le saisir il faut se pencher un peu sur ce que signifie juger : ce n'est pas appliquer abstraitement à une personne indéterminée une règle pré-définie. Ce n'est pas appuyer rapidement sur la touche d'un distributeur de peines. Dans ce cas, il serait possible de s'en tenir à l'examen d'un simple dossier, ce que le procureur de la République de Boulogne, dans l'affaire d'Outreau, appelait de ce terme magnifique, « le dossier-papier ». La justice s'oriente de plus en plus vers ce type de « traitement » où l'on se passe allègrement du débat public, de l'écoute, de la parole, de ce qu'on appelle le « contradictoire ». Ces « procédures » expéditives ont l'immense et apparent avantage de la rapidité et de l'efficacité, s'agissant des chiffres en tout cas. Hélas pour tous les technocrates chez qui germent de tels projets, il ne s'agit pas vraiment d'une « justice ». Tout au plus d'un traitement administratif. Même s'il a lieu en « temps réel », selon la formule aujourd'hui en vogue dans la technocratie judiciaire.

La justice suppose en effet que soient pris en compte et vraiment entendus la parole et l'histoire des personnes concernées : l'accusé comme la victime. Quand une « vraie » justice est rendue, se produit alors une sorte de miracle : les convictions préalables, les « intimes convictions » qui avaient éclos à la lecture des procès-verbaux peuvent se dissoudre, voire voler en éclat, ou, au contraire, se renforcer de façon inattendue. Le juge était sûr d'une culpabilité ou d'une innocence et voilà que le débat public fait surgir autre chose, d'autres éléments, une autre vision des faits. Aucun législateur, si sage, si prévoyant soit-il, ne peut imaginer à l'avance la complexité de la vie, quel que soit le cadre dans lequel elle s'exprime, judiciaire ou autre. Il ne peut descendre dans des détails infimes et doit s'en tenir à un niveau de généralité suffisant. La loi n'est que le cadre où peut se développer la vie, elle ne peut pas la remplacer.

Quand il faut choisir une peine, le législateur ne peut davantage tout prévoir. Sanctionner est loin d'être une opération simple. Le juge doit prendre en considération une quantité considérable de données même si, dans la pratique, à la lecture des jugements, cette complexité est, hélas, rarement perceptible. Les juges se font discrets sur leurs réflexions et leurs tourments. Mais cette pudeur ne nous dispense pas de chercher. Dans la tête du magistrat, les indications de la loi sont un des éléments d'appréciation mais il y en a tant d'autres. Chaque infraction est spécifique. Chaque être est unique. Il ne suffit pas, par exemple, de dire qu'il y a eu un vol. Bien d'autres interrogations, et leur réponses, vont influer sur la décision. Ainsi : le vol a-t-il été préparé ou non ? Comment s'est-il déroulé ? Démontre-t-il une improvisation, une maladresse, ou au contraire une habitude, un professionnalisme ? A-t-il réussi ou échoué ? Y a-t-il un butin, un profit ? La victime a-t-elle souffert de ce vol ? Lui a-t-il causé une simple gêne ? Un traumatisme ? Le vol a-t-il causé un trouble dans le quartier, dans la ville, la région ? Quelle est l'attitude de l'accusé ? Est-il sincère, crédible ? Regrette-t-il réellement les faits ou pas du tout ? Avait-il des antécédents ? A-t-il évolué depuis ? Présente-t-il des troubles (toxicomanie, alcoolisme, maladie mentale, traumatismes divers...) qui peuvent être à l'origine du vol ? Ces troubles ont-ils déjà été repérés ? Ont-ils été soignés ? Ce n'est évidemment pas tel ou tel article d'un code quelconque qui permettra de répondre à ces questions. La justice est toujours un équilibre particulier même si les données juridiques de base sont identiques pour tous. C'est à partir de cette différence entre la règle ordinaire et son application concrète que naît le sentiment de justice et que s'éloigne le sentiment si courant d'être étranger à son procès.

La peur du juge

Cette tentation d'une justice automatique découle d'une profonde incompréhension du rôle de la justice. Elle n'est pas étrangère à une peur du juge. L'équilibre des pouvoirs dans une démocratie passe par l'existence d'un vrai pouvoir judiciaire. Il ne s'agit évidemment pas d'une revendication corporatiste. Il y a longtemps que la crainte d'un « gouvernement des juges » s'est estompée. La misère de la justice et son faible crédit limitent de toutes façons ses ambitions. Mais, même réduite à sa stricte fonction, elle semble encore gêner. L'idée des peines plancher et d'une justice automatique participe d'une vision simplifiée de la société où tous les instruments ordinaires de régulation contribuent à la mise en oeuvre du plan politique décidée par un pouvoir sans contradicteur. La culture du résultat expérimentée dans la police et la lutte contre l'immigration, l'apologie de la tolérance zéro viennent compléter cette nouvelle philosophie politique qui en rappelle d'autres. La politique du tout répressif ne peut se satisfaire d'une justice indépendante qui risque de mettre à mal le nombre d'interpellations ou de gardes à vue décidé pour chaque année ou une baisse programmée de la délinquance. Si le juge reste indépendant, s'il s'écarte du credo officiel, s'il ose braver les objurgations du ministre, il faudra, dans un premier temps qu'il rende des comptes. Mais bien vite il signera sa reddition. Et la justice deviendra une administration. Elle prendra sa place dans la « chaîne » pénale dont tous les maillons sont déjà en place, entre la police et la prison.

Guider la main du juge

Nicolas Sarkozy ne souhaite d'ailleurs pas s'en tenir aux peines plancher, l'indépendance des juges le chagrine tant qu'il cherche n'importe quel moyen pour contraindre leur décision. On a rarement vu un ministre de l'intérieur proposer aux juges une meilleure façon de juger. On n'avait jamais vu, dans une démocratie, le chef de la police dire aux juges comment ils devaient juger. Nicolas Sarkozy l'a fait. Il ne se contente pas de faire voter ses lois. Il veut que la magistrature obtempère et les appliquent sans défaillir.

« D'abord, il faut faire appliquer la loi. Ce que je veux dire par là, c'est que les citoyens doivent pouvoir faire confiance à la loi, en étant sûrs qu'elle sera appliquée. Trop souvent ils ont le sentiment que ce n'est pas le cas, qu'il y a un fossé entre la loi et l'application qui en est faite. Cela pose évidemment la question de l'appréciation des magistrats. Sans entrer dans aucune polémique, je veux dire simplement que la loi est l'expression de la volonté du peuple, et que, comme telle, elle doit être respectée... Pourquoi ne pas penser à une sorte de guide d'application de la loi, à l'exemple des "guide lines" édictées par la commission européenne vis à vis des juges nationaux, dans le domaine compliqué du droit de la régulation. Ce n'est pas moi qui en parle d'ailleurs, c'est le premier des magistrats de France, le premier président de la Cour de Cassation ».

On est consterné de voir les propos du premier président de la cour de cassation détournés de leur sens et mis au service d'un discours populiste. Qui a pu rédiger cette fiche technique pour le ministre ? L'exemple des « guides lines » correspond à un droit très particulier et extrêmement complexe, celui des autorités créées pour réguler des secteurs d'activité tels que l'énergie, les transports, les télécommunication, les finances, la bourse... Il concerne un fonctionnement économique communautaire qui doit recevoir une application uniforme sur l'ensemble du territoire européen. Ces procès mettent en jeu des entités économiques et absolument pas des individus. Il n'est en aucun cas généralisable à l'ensemble de la justice.

Peut-être le ministre-candidat rêve-t-il d'un système actuellement en vigueur aux Etats Unis, celui des « sentencing guidelines », des recommandations de sanction ou « lignes directrices pour le prononcé de la peine ». Le juge s'y transforme en une sorte de distributeur automatique des peines, son rôle consiste à appuyer sur quelques boutons.

Pour chaque infraction, le juge utilise deux paramètres. Le premier se réfère à la gravité de l'affaire, le second au passé judiciaire de l'accusé. Horizontalement, une ligne figure le passé judiciaire du prévenu, les infractions y étant classées par un système de points dans un ordre de gravité croissante. Verticalement, une autre ligne figure la gravité de l'infraction reprochée classée par niveaux de 1 à 43. Le juge n'a qu'à se rendre à l'intersection de ces deux lignes pour y constater la peine. Il peut certes légèrement la modifier en raison de circonstances aggravantes ou atténuantes, mais sa marge de manoeuvre est étroite. Le juge doit justifier de son écart et un appel est possible.

Ce système peut être la source de graves injustices. Tout simplement parce que juger est tout sauf une opération mathématique. La sanction est un équilibre qu'il faut rechercher à chaque fois. Il n'est de pire injustice que d'être pris pour un objet. Une sanction efficace est une sanction humaine à laquelle le condamné peut adhérer. Or personne ne peut adhérer à une démonstration mathématique, on peut simplement l'admettre, car les mathématiques existent en dehors de nous.

Droit et démocratie

Si le juge veut garder sa place, la place naturelle que les principes premiers de la démocratie lui assignent, il lui faudra être plus que jamais être juriste. Car le droit lui impose de ne pas se contente de la peine qu'on lui souffle. Deux principes constitutionnels sont en jeu qui traduisent la nécessité d'adapter la peine au cas par cas, à l'individu jugé plutôt qu'à l'acte commis. Le premier principe est celui qui veut que la peine prononcée soit proportionnelle à la gravité de l'acte commis. Ce principe est posé depuis 1789 par la Déclaration des Droits de l'Homme (article 8) et rappelé régulièrement par le Conseil Constitutionnel français. L'autre principe est celui de l'individualisation des peines qui nécessite que sa personnalité soit prise en compte par le juge : « *l'exécution des peines privatives de liberté en matière correctionnelle et criminelle a été conçue, non seulement pour protéger la société et assurer la punition du condamné, mais aussi pour favoriser l'amendement de celui-ci et préparer son éventuelle réinsertion* ».

Il lui faudra aussi prendre rang parmi les barbares. Fièrement. En revendiquant sa place parmi ceux qui écoutent, qui entendent, qui attendent, qui observent avant d'agir. On ne peut rien guérir que l'on ne connaisse. On ne peut rien punir que l'on ne comprenne.

CHAPITRE IV

Mineurs délinquants
Le début de la barbarie ?

Le premier problème de sécurité.

« Le premier problème de sécurité qu'il nous reste aujourd'hui à résoudre, c'est l'affaire des mineurs » *(Emission « à vous de juger » du 30 novembre 2006).* « Lorsque je dis qu'un mineur de 2006 n'a plus grand chose à voir avec un mineur de 1945, ce n'est pas pour le dénoncer, c'est pour chercher un moyen de le préserver. Or l'ordonnance de 1945 ne nous le permet pas, même si elle a été retouchée à plusieurs reprises pour apporter des débuts de réponse à ce phénomène, et dernièrement encore en mars 2004. Il ne faut donc pas s'interdire des règles nouvelles. Je le dis solennellement, si nous continuons avec la même quasi-impunité garantie aux mineurs délinquants, nous nous préparons à des lendemains très difficiles, et nous n'aurons qu'à nous en prendre à nous. Sur les dix dernières années, le nombre de mineurs mis en cause a augmenté de 80%. Si ce n'est pas un signal d'alarme, je ne sais pas ce que c'est *(Discours au Sénat, le 13 septembre 2006, lors de l'examen du projet de loi sur la prévention de la délinquance).* « Et je demande une chose précise : qu'un mineur de 16 à 18 ans qui est un multirécidiviste, l'excuse de minorité lui soit supprimée pour qu'il soit condamné comme un majeur parce que pour Mama Galédou, cette jeune femme qui a été brûlée dans le bus de Marseille, être brûlée sur 62% de son corps... par un mineur ou un majeur, le résultat pour la victime est le même » *(Emission Riposte, la 5, le 10 décembre 2006).* « Face aux actes de violences gratuits, face à la délinquance des mineurs, la réponse de l'autorité judiciaire doit être plus ferme. Si l'on excuse la violence, il faut hélas, s'attendre à la barbarie. C'est pourquoi j'ai souhaité une première réforme de l'ordonnance de 1945 sur les mineurs. C'est pour répondre à cette violence de plus en plus dure, qui peut conduire les plus jeunes jusqu'au crime, que j'ai demandé des sanctions adaptées aux mineurs d'aujourd'hui. La loi sur la prévention de la délinquance constitue, à cet égard, un premier pas. D'autres étapes sont devant nous » *(conférence de presse du 11 janvier 2007, Ministère de l'intérieur).*

Une élection et cinq années de gouvernement pour réformer la justice des mineurs

À écouter Nicolas Sarkozy parler de la délinquance et de la justice des mineurs, on se demande parfois si, depuis cinq ans, nous n'avons pas été victime d'hallucinations. 2001-2002 : le principal sujet de campagne n'a-t-il pas été l'insécurité ? Les deux principaux candidats de l'époque n'ont-ils pas déjà âprement discuté du sort à réserver aux mineurs délinquants précisément ? Dans cette bataille, que certains ont peut-être oubliée, Lionel Jospin proposait de créer de nouvelles structures d'hébergement des mineurs délinquants. Il était fier de dresser la liste des 51 centres d'éducation renforcés et des 43 centres de placement immédiat dont le nombre allait augmenter en cas de victoire. Il proposait de réformer l'ordonnance de 1945 pour tenir compte d'un contexte social profondément modifié en développant notamment l'accueil des mineurs dans des structures fermées. Jacques Chirac n'était pas en reste. Son programme était étonnamment proche de celui de la droite d'aujourd'hui. Que proposait-il ?

« *- objectif : impunité zéro*
- adapter l'ordonnance de 1945 sur les mineurs
- création de centres préventifs fermés pour les mineurs délinquants en instance de jugement
- création d'établissements éducatifs fermés pour les mineurs multirécidivistes... »

Après la victoire de Jacques Chirac, la droite, toute la droite, a mis en oeuvre les réformes promises. Depuis 2002, quatre réformes de l'ordonnance de 1945 ont été votées. Toutes ont eu le même objectif : modifier la philosophie de l'ordonnance de 1945, mettre fin à une soi disant impunité dont bénéficieraient les mineurs, calquer la justice des mineurs de celle des majeurs, les faire juger plus vite, plus sévèrement, créer des structures fermées pour mineur... La loi « d'orientation et de programmation pour la justice » du 9 septembre 2002 dite « Loi Perben I » est la loi la plus aboutie en la matière. Elle contenait tout un titre (le titre 3) « portant réforme du droit pénal des mineurs ». 21 articles de cette loi modifiaient l'ordonnance de 1945! Toutes les dispositions de cette loi allaient dans le sens de davantage de répression. Les centres éducatifs fermés étaient créés. Apparemment toutes ces réformes faites par un gouvernement où Nicolas Sarkozy a été presque constamment ministre ne suffiraient pas. Les mineurs ont encore changé, il faudrait, cette fois-ci, les traiter comme des majeurs à partir de 16 ans et les mettre davantage en prison. Depuis 2002, leur impunité n'aurait donc pas cessé malgré tous les efforts du gouvernement et la délinquance juvénile aurait augmenté malgré la politique du ministre de l'intérieur.

Les mineurs de 2006 et ceux de 1945 : l'abaissement de la majorité pénale à 16 ans.

« Croyez-vous réaliste qu'un jeune de 17 ans et demi, de 1m90, qui a commis des violences répétées, soit présenté devant un juge qu'on appelle un "juge des enfants" ? » *(Discours du 25 mars 2006)*[12]. « Comment expliquer à une grand-mère qui se fait agresser par un jeune de 17 ans et demi, qui fait 1m80, qu'il n'est pas responsable parce qu'il est mineur ? » *(Discours du 3 juillet 2006)*. Les mineurs délinquants - ceux de 16/18 ans en tout cas - ont beaucoup changé, nous dit Nicolas Sarkozy qui évoque à loisir *« des agressions à main armée, des viols, commis par des jeunes gens mineurs mais parfaitement adultes physiquement »*. Ils n'ont *« plus rien à voir »* avec ceux de 1945. La jeunesse change ! Belle découverte ! Que n'a-t-on entendu ce discours, à tous les âges, à toutes les générations, à tous les siècles. Les « apaches » de la fin du XIXème siècle et du début du XXème, ces bandes de jeunes désoeuvrés des faubourgs de Paris, violents, « assassins », « violeurs »... Les blousons noirs des années soixante, ces « géants » de l'époque, qui se déplaçaient en bande, dé préférence en moto et terrorisaient les banlieues.

Emile Garçon, un des plus grands pénalistes du XXème siècle, écrivait en 1922 : *« quoiqu'il en soit, le problème de l'enfance coupable demeure l'un des problèmes les plus douloureux de l'heure présente. Les statistiques les plus sûres comme les observations les plus faciles, prouvent, d'une part que la criminalité juvénile s'accroît dans des proportions fort inquiétante, et, d'autre part que l'âge moyen de la criminalité s'abaisse selon une courbe très rapide »*. Effectivement l'adolescence est une période difficile de la

---

[12] 25 mars 2006, discours d'accueil des nouveaux adhérents de l'UMP, www.u-m-p-paris.org

vie. Difficile pour la société, pour les parents, les éducateurs... mais pour l'adolescent aussi. On a du mal à croire que les conseillers de Nicolas Sarkozy aient une vision si élémentaire de ce qu'est un mineur. On entend le ministre se gausser parfois de la taille de ces grands délinquants. Comme si ces 1m 90, voire 1m 80, qui l'effrayent tellement pouvaient avoir un rapport quelconque avec ce qu'est réellement un mineur. C'est d'ailleurs une des sources de la difficulté de cet âge que de s'habituer à vivre dans un corps qui le dépasse subitement. L'enveloppe change mais l'intérieur ne suit pas forcément. On ne devient pas majeur par l'effet de sa taille. La maturité ne se mesure pas en centimètre. L'adolescent est un être qui est encore en grande évolution, en recherche d'une adaptation au monde. Cette recherche se fait souvent dans la douleur, parfois dans la violence contre les autres ou contre lui-même. L'opposition au monde des grands est une des composantes constantes de cet âge. C'est par sa vie sociale que le jeune va pouvoir accéder au statut d'adulte en abolissant les différentes dépendances qui le rattachait à sa famille ou au milieu de son enfance. L'adulte, c'est celui qui arrive à vivre de façon autonome, à s'assumer. La France a déjà en 1974 (et non en 1945), modifié l'âge de la majorité qui est alors passé de 21 à 18 ans. La majorité pénale française est d'ailleurs celle de pratiquement tous les autres pays européens. Cet âge reste encore aujourd'hui une limite raisonnable entre le statut d'adolescent et celui d'adulte. Certes, dans leur comportement, les jeunes de 16/18 ans changent. Comment en serait-il autrement compte tenu de l'évolution rapide du contexte social, culturel, économique... Mais si l'adolescent accède aujourd'hui plus tôt à certaines informations, s'il s'inscrit différemment dans la société, sa problématique de base reste la même. On peut même constater que son entrée dans le monde adulte se fait de plus en plus tard, que son « inscription sociale » prend de plus en plus de retard. Les amis de Nicolas Sarkozy veulent, en fait, abaisser l'âge de la majorité pénale à 16 ans et faire juger les mineurs de 16 à 18 ans par les tribunaux ordinaires. Tel est d'ailleurs le sens d'une proposition de loi que Christian Estrosi, l'ami fidèle du ministre, a déposé à l'Assemblée Nationale le 30 janvier 2001 (Proposition n°2895). L'article 1er de la proposition pénale était clair : « *la majorité pénale est fixée à 16 ans* ». Il faut savoir quel tel est le projet réel du candidat actuel qui avance lentement sur ce terrain en le pilonnant préalablement à coups d'idées aussi simples que fausses. L'adolescent de 2007 reste un adolescent. Il reste le homard, qui, une fois sa coquille tombée, est obligé d'aller se cacher sous les rochers, le temps de sécréter une nouvelle coquille, vulnérable, incertain, compensant ses faibles défenses par des attitudes parfois excessives, parfois déviantes, parfois délinquantes. Mais peut-être faudrait-il aussi réécrire les textes de Dolto qui eux aussi commencent à dater. La taille des homards a sûrement dû changer…

L'acte ne définit le mineur

Un mineur se définit par son âge, sa personnalité, ses structures mentales, son style de vie… Il est autre chose que la série de ses actes. On trouve dans le discours de Nicolas Sarkozy cette idée que l'acte posé définit son auteur et suffit à en cerner la responsabilité. Lorsque, en novembre 2006, dans une émission de télévision, il s'adresse sur un plateau de télévision à une femme chauffeur de bus, en la prenant à témoin de son indignation devant une agression commise à Marseille, il a cette curieuse phrase, qu'il reprendra d'ailleurs ensuite inlassablement : « *d'ailleurs, quand mama Galédou se retrouve à l'hôpital de la Timone à Marseille, qu'est-ce ça lui fait, à elle, de savoir qu'elle a été brûlée par un mineur ? Est-ce que vous croyez que c'est différent d'être brûlé par un majeur ?* » « *Non c'est pareil !* » répond timidement son interlocutrice.

Curieuse façon d'aborder le problème des mineurs, et de la délinquance en général ! Le ministre se met à la place de la victime, et ne s'intéresse qu'à l'acte, en refusant de voir qui est l'auteur. On peut certes s'interdire de chercher à comprendre le pourquoi d'un crime ou d'un délit, ne rien vouloir savoir de la personnalité, du passé, du contexte de vie de son auteur, on peut toutefois difficilement refuser de regarder l'âge du délinquant, car c'est en fait nier non seulement la spécificité d'une quelconque juridiction pour mineurs mais nier la spécificité de l'enfance et de l'adolescence.

Qu'en est-il du droit des mineurs ?

Contrairement à ce qu'affirme Nicolas Sarkozy, la France possède un droit des mineurs particulièrement sévère. Il est un des pays d'Europe où l'âge auquel la responsabilité pénale peut être retenue est le plus précoce : il s'agit, selon la loi française, de l'âge du « discernement », fixé habituellement, selon la jurisprudence aux environs de 7 ans. Dans les autres pays, il est plutôt autour de 14 ans (10 ans en Angleterre, 14 en Italie ou en Espagne). La France est aussi l'un des pays où de très lourdes sanctions peuvent être prononcées dès l'âge de 13 ans puisque, à cet âge-là, une peine de 20 ans de réclusion peut être infligée. Pour les mineurs de 16 à 18 ans, les mêmes peines que les majeurs peuvent être prononcées. Un mineur de 16 ans peut donc être condamné à réclusion criminelle à perpétuité. A titre de comparaison, en Espagne, pour des mineurs du même âge, la peine maximum est un emprisonnement de 8 ans.

La procédure française prévoit donc une atténuation de responsabilité pénale pour les mineurs qualifiée d'excuse de minorité. Cette institution que Nicolas Sarkozy veut supprimer mérite d'être expliquée rapidement. Elle consiste à diminuer de moitié la peine encourue par le majeur mais cette mesure ne joue pas du tout de façon automatique. Elle peut être écartée par le tribunal ou la cour d'assises « *à titre exceptionnel et compte tenu des circonstances de l'espèce et de la personnalité du mineur* » (article 20-2 de l'ordonnance de 1945). Et dans la pratique, il arrive fréquemment, en cour d'assises en tout cas, qu'elle soit effectivement repoussée. Elle l'a encore été récemment, en avril 2007, lorsque la cour d'assises des mineurs des Bouches du Rhône a condamné deux mineurs accusés d'avoir tué à coups de pierre une jeune femme de 23 ans à 23 ans de réclusion chacun. Pourquoi ne pas faire confiance au tribunal pour enfants qui est composé, rappelons-le, de deux assesseurs citoyens, ou au jury de la cour d'assises ? Est-il inconcevable qu'un mineur de 17 ans qui a commis un crime sorte de prison à 32 ans plutôt qu'à 47 ? Faut-il rappeler au ministre de l'intérieur que Patrick DILS avant d'être acquitté en avril 2002 et d'être indemnisé par l'Etat d'une somme d'un million d'euros s'est vu refuser l'excuse de minorité alors qu'il avait 16 ans à l'époque où il était censé avoir commis les faits ? Il avait été condamné une première fois à la perpétuité en 1989 et à 25 ans de réclusion en 2001!

L'explosion de la délinquance des mineurs ?
Faux : la part de la délinquance des mineurs
baisse depuis 1998

Nicolas Sarkozy affirme donc pour justifier son cri d'alarme permanent que la délinquance des mineurs a explosé. Il avance constamment le chiffre terrible d'une augmentation de 80% en dix ans. Il citait encore ce pourcentage en septembre 2006 au Sénat. Voyons donc les chiffres. Ils ne correspondent absolument pas à cette version. En effet la part des mineurs dans la délinquance en France **ne**

cesse de baisser depuis 1998. Cette année-là, les mises en cause de mineurs représentaient 21,8% du total. En 2005, derniers chiffres publiés, les mineurs n'en représentent plus que 18,15%. Nous avons retrouvé le niveau de 1980! De plus le chiffre 80% d'augmentation est lui aussi faux. Le nombre de mineurs augmente mais dans des proportions bien moindres. Si l'on prend la période des dix dernières années de 1996 à 2005 (dernière année statistiquement disponible pour le ministre quand il s'exprime en septembre 2006), on passe de 143.824 mineurs mis en cause à 193.663, soit une augmentation de + 49.839 mineurs, ce qui représente, par rapport à 1996, en pourcentage +34,6% et non +80%!. Nous pensons qu'en fait Nicolas Sarkozy, qui est pourtant très au fait de la moindre évolution statistique, a délibérément menti en prenant un chiffre retenu en 2002 par un rapport du Sénat sur la délinquance des mineurs. Les Sénateurs avaient relevé qu'entre 1992 et 2001! le nombre de mineurs mis en cause avait progressé de 79%. En définitive Nicolas Sarkozy serait bien inspiré d'affirmer que la délinquance des majeurs a augmenté plus rapidement ces dernières années que celle des mineurs, mais il lui faudrait revoir ses slogans. S'en tenir à la vérité, ce n'est pas refuser la réalité de cette délinquance, c'est refuser le mensonge.

Année	*Mineurs mis en cause*	*%*
1980	*104.200*	*18%*
1994	*109.338*	
1995	*126.233*	*15,9%*
1996	*143.824*	*17,8%*
1997	*154.437*	*19,4%*
1998	*171.787*	*21,8%*

1999	*170.387*	*21,3%*
2000	*175.256*	*21,0%*
2001	*177.010*	*21,2%*
2002	*180.382*	*19,9%*
2003	*179.762*	*18,8%*
2004	*184.696*	*18,1%*
2005	*193.663*	*18,15%*

L'aggravation de la délinquance des mineurs ?

Si les interpellations augmentent, la nature des infractions commises par les mineurs a-t-elle changé ? C'est ce que l'on nous serine en permanence : les mineurs sont plus grands, plus forts et leurs actes sont beaucoup plus violents. Nicolas Sarkozy reste par ailleurs focalisé sur un certain type de délinquance des mineurs, celle des quartiers difficiles. Il évoque sans cesse les mineurs « soumis au caïdat de leur quartier ». Mais la délinquance des mineurs est bien loin d'être réductible à la seule délinquance de groupe ou même à celle de quartiers sensibles. Tous les mineurs délinquants ne vivent pas en groupe, en bande ou en banlieue. Il s'agit d'une vision simpliste de plus.

Si l'on examine les infractions commises par les mineurs, pour une période de onze ans, de 1994 à 2004, les deux catégories d'actes les plus graves, les vols à main armée et les homicides ont diminué. Si on y ajoute les viols et les séquestrations, l'ensemble de cette délinquance très grave ne représente que 1% de la délinquance des mineurs. En réalité, la hausse de la délinquance des mineurs est avant tout due à l'augmentation considérable du nombre de vols simples (+78%), des vols à l'étalage (+40,8%) et des vols avec violence (+83,1). Autres augmentations considérables, les outrages et rebellions (de 1655 à 5179), les coups et blessures volontaires (de 5637 à 16791) et les usages de stupéfiants (de 3506 à 17989).

En 2005, le tableau suivant permet de bien mesurer quelle est l'importance des actes graves dans la délinquance des mineurs. Si l'on cumule les homicides, les coups mortels, les viols, les vols à main armée, les vols avec violence, ces infractions représentent 4,6% de la délinquance totale. Il est donc exagéré d'affirmer que les mineurs se livrent à des actes de plus en plus graves.

Infractions		Part dans la délinquance des mineurs
Total des crimes et délits recensés par la police	193.663	
vols à main armée	290	0,01%
vols avec violence	8852	4,57%
Autres vols	**64881**	**33,5%**
Recels	**10976**	**5,6%**
Infractions économiques et financières	3387	1,7%
homicides et tentatives	89	*0,04%*
violences volontaires suivies de mort	15	*0,007*
Coups et blessures volontaires	18966	9,8%
Autres atteintes aux personnes	8499	4,4%
Viols	1509	*0,78*
Autres infractions sexuelles	3139	1,62%
Stupéfiants	21232	10,9%
Infractions police des étrangers	3786	1,95%
Dégradations	**29201**	**15,1%**

Les statistiques des condamnations prononcées par les cour d'assises en France sont un excellent indicateur de l'évolution de la gravité des actes de délinquance des mineurs. On constate un accroissement important jusqu'en 1999 du nombre de condamnations criminelles, mais depuis lors, sur une période de 6 ans, leur nombre semble s'être stabilisé dans une fourchette de 560 à 630

Année	1995	1996	1997	1998	1999	2000	2001	2002	2003	2004
Total condamnations pour crimes	224	310	392	503	583	559	631	498	559	626
Meurtre	28	37	27	44	49	23	19	27	26	29
Violences criminelles	13	22	13	26	45	51	38	28	33	23
Viols	136	202	264	330	403	385	433	363	421	486
Vols aggravés	47	49	86	100	80	97	130	68	60	76

Condamnations par les cours d'assises de mineurs, source : annuaire statistique de la justice

Au total, il apparaît que les mineurs commettent assez peu d'actes très graves. L'augmentation de cette délinquance grave s'est stabilisée depuis 1998/1999. Là non plus, il ne s'agit pas nier une réalité qui reste préoccupante mais de s'en tenir à une vérité qui se suffit à elle-même. Cette vérité c'est une frange de ces mineurs délinquants qui fait preuve d'une grande violence, violence dont il faut trouver les causes et qu'il faut traiter et sanctionner avec fermeté et clairvoyance.

« La quasi-impunité garantie aux mineurs délinquants ». Un déluge de mensonges.

Le mensonge le plus dangereux concerne le traitement actuel de la délinquance des mineurs et le rôle de la justice des mineurs. Nicolas Sarkozy affirme à longueur de discours que la justice des mineurs est laxiste, qu'elle cherche trop à comprendre, qu'elle ne punit pas assez et que cette impunité est une calamité. Décidé à faire croire que les juges des enfants sont laxistes, il ose dire que des mineurs auteurs de viol ou de main à armée sont punis d'une admonestation ou d'une simple remise à parents. N'importe qui d'autre oserait soutenir un tel mensonge se verrait aussitôt rappelé à l'ordre, ne serait-ce que par le ministre de la justice. Le ministre de l'intérieur semble avoir tous les droits. Peut-être ses mensonges sont-ils si énormes qu'ils laissent sans voix. On relit à deux fois ses phrases pour être bien sûr que c'est un ministre qui parle et qu'il ne s'agit pas d'une discussion de bistro. Non, c'est bien au Sénat qu'il s'exprime le 13 septembre 2006 : *« face à cette réalité, nous vivons dans la culture de la répétition de mesures comme l'admonestation ou la remise à parents ; comment espérer que ces mesures aient un quelconque effet pour des faits aussi graves que des agressions à main armée, des viols... »* Le ministre de l'intérieur va d'ailleurs très loin, accusant la justice de non assistance à personne en danger : *« j'ajoute que c'est de la non assistance à personne en danger que de ne pas sanctionner un mineur quand il fait quelque chose de grave au prétexte qu'il est mineur. Car on l'encourage à s'enfoncer dans la délinquance la plus forte »* (Emission à vous de juger du 30 novembre 2006).

La réalité judiciaire est assez simple à analyser. Ces dernières années, les procureurs de la République traitent avec plus de sévérité les mineurs. Rappelons ce qu'est le travail d'un procureur de la République. Il écarte d'abord les affaires qui « ne tiennent pas ». En 2005, 25.000 procédures traitées par la police ont ainsi été écartées tout simplement parce qu'il n'était pas possible, en droit, de les poursuivre. 20.000 ont été écartées parce que les procureurs de la République estimaient que le préjudice était peu important, que les recherches étaient infructueuses, que le plaignant s'était désisté... Les parquets procèdent à beaucoup moins de classements sans suite comme le montre le tableau suivant.

Année	2000	2001	2002	2003	2004	2005
Classements sans suite	49412	53619	53210	51826	51548	46028

Les parquets veulent absolument donner une réponse pénale aux infractions portées à leur connaissance. Ils utilisent beaucoup les alternatives aux poursuites pour des affaires qui, auparavant étaient simplement classées sans suite. Ces alternatives, ce sont des rappels à la loi, des procédures de médiation-réparation. Elles sont en forte hausse depuis 2000

Année	2000	2001	2002	2003	2004	2005
Alternatives aux poursuites	45326	48113	50017	53505	59113	63408

Quant aux poursuites - devant le juge des enfants, le juge d'instruction, ou, depuis peu, directement devant le tribunal pour enfants, elles sont remarquablement stables depuis 2000. Leur nombre oscille autour de 58.000 chaque année. Simplement parce que la délinquance des mineurs depuis 2000 ne mérite pas davantage de poursuites.

Année	2000	2001	2002	2003	2004	2005
Poursuites	57280	59476	58842	57831	58148	58738

Quant à dire que les mineurs ne vont pas assez en prison, il y a quelque incohérence à le regretter alors que la principale innovation de cette dernière législature a été de créer des centres d'éducation fermée qui avaient vocation à remplacer la prison dans des cas graves de délinquance répétitive. Ces centres se sont ouverts progressivement, souvent dans la difficulté, mais ils existent, de plus en plus nombreux. Ils ont eu pour effet de faire effectivement baisser dans un premier temps puis de stabiliser le nombre de mineurs détenus. Mais cet effet est voulu et le ministre de la justice n'en est pas peu fier ! 20 de ces centres étaient déjà été ouverts en novembre 2006, 20 autres sont prévus en 2007 et 4 en 2008 pour environ 500 places au total. Il reste que la détention des mineurs est relativement stable depuis 1999. Au premier janvier de cette année-là, il y avait 714 mineurs en prison. Il y en avait 721 au 1er mars 2007.

Au 1/1	1995	1996	1997	1998	1999	2000	2001	2002	2003	2004	2005	2006	2007
Mineurs 18 ans détenus	573	561	628	669	714	718	616	826	808	739	623	732	727

Quant aux peines prononcées, elles sont sévères et le recours à l'emprisonnement n'a pas faibli, loin de là. C'est la prison qui sanctionne presque systématiquement les crimes. Quant aux délits, pour presque la moitié d'entre eux (40%), les tribunaux pour enfants prononcent des peines d'emprisonnement avec ou sans sursis. Les mesures éducatives, elles, ont augmenté en nombre mais pas en proportion. Elles ne représentent plus que la moitié des sanctions : 50,3% en 2004 contre 54,6% en 1994.

Nous sommes donc, là encore, très très loin du laxisme dénoncé.

Les affaires de Bobigny

Lorsque Nicolas Sarkozy ne dénonce pas le laxisme général des juges des enfants, il s'en prend nominativement à tel ou tel. Ces derniers temps, sa bête noire était le tribunal pour enfants de Bobigny. Innovant dans les rapports du politique et de la justice, le ministre de l'intérieur n'hésitait pas, en juin 2006, à écrire au président de ce tribunal en citant des exemples du soi disant laxisme des juges.

« *Comment expliquer à cette femme handicapée de 56 ans, brûlée vive à Sevran parce qu'elle ne pouvait s'extraire de son bus incendié par trois mineurs de 16 ans, que ceux-ci ont été laissés en liberté par votre tribunal à l'issue de leur interpellation par la police ?* » C'était un mensonge pur et simple : ils étaient en détention depuis plusieurs mois quand le ministre de l'intérieur écrivait. Autre mensonge : « *ce mineur de 17 ans, déjà mis en cause 55 fois dont 12 fois pour vol avec violence, et laissé en liberté par votre tribunal après avoir roué de coups un chauffeur de bus qui refusait simplement de s'arrêter entre deux arrêts ?* » En fait, il était en prison. Entre 2002 et 2005, le nombre de mineurs incarcérés par le tribunal de Bobigny avait augmenté de 23%.

Les principes républicains concernant la justice des mineurs

La France ne vit pas sur une planète isolée. Nous nous inscrivons dans une histoire et une tradition. Nos enfants, même ceux qui ont failli, ont droit au respect de notre culture et de notre identité. La violence actuelle des mineurs n'est que le reflet de la violence globale de notre société. Même si leur part dans la délinquance globale diminue, cette part-là reste préoccupante. Mais il n'y a aucune raison de rejeter nos valeurs. Encore moins quand les raisons invoquées sont fausses. Or la tradition française est ancienne et sage. Elle résulte d'une longue maturation de près d'un siècle et demi. Il est apparu à la fin du XIXème siècle que les enfants et les adolescents ne pouvaient pas être punis de la même façon que les adultes. Tout simplement parce qu'il s'agit d'êtres en profonde évolution et qu'ils n'ont pas la même conscience de leurs actes. Presque tous les pays du monde en ont conclu qu'il relevaient d'un régime particulier, de tribunaux spécialisés, plus aptes à comprendre leurs problèmes spécifiques. Tout comme la médecine, la psychiatrie, la psychologie ont développé des branches particulières dédiées à l'enfance et l'adolescence, la justice des mineurs a été créée au début du XXème siècle. Au niveau international, nombre de conventions ont traduit ce principe. L'article 14 alinéa 4 du Pacte International relatif aux droits civils et politiques dispose que « *la procédure applicable aux jeunes gens qui ne sont pas encore majeurs au regard de la loi pénale tiendra compte de leur âge et de l'intérêt que présente leur rééducation* ». La Convention internationale des droits de l'enfant (adoptée par l'Assemblée Générale des Nations Unies en novembre 1989, entrée en vigueur en France en septembre 1990, et qui a fait l'objet d'une adhésion ou d'une ratification de près de 200 pays) invite les Etats parties, dans son article 40, à « *promouvoir l'adoption de lois, de procédures, la mise en place d'autorités et d'institutions spécialement conçues pour les enfants suspectés, accusés ou convaincus d'infractions à la loi pénale* ».

En France le Conseil Constitutionnel a rappelé, le 29 août 2002, à l'occasion de l'examen de ce qui allait devenir la loi du 9 septembre 2002, un « *principe fondamental reconnu par les lois de la République en matière de justice des mineurs* ». Ce principe s'articule autour de deux règles :

« *- l'atténuation de la responsabilité pénale de mineurs en raison de leur âge*

- la nécessité de « rechercher le relèvement éducatif et moral des enfants délinquants par des mesures adaptées à leur âge et à leur personnalité prononcées par une juridiction spécialisée ou selon des procédures appropriées ».

Une autre politique des mineurs

Une autre politique est possible. Il faut pour cela, regarder avec calme, et un peu de sérieux, le problème de la délinquance des mineurs, en cessant d'en faire un débat électoral permanent. Il est très facile d'attiser la peur des jeunes et de les prendre pour cible facile de l'opinion publique. Michèle Alliot-Marie elle-même, ministre de la défense, disait « *trop souvent nous avons laissé s'insinuer l'idée pernicieuse qu'un jeune était un délinquant en puissance* ». Beaucoup prétendent que le droit des mineurs est dépassé sous prétexte que le texte de base date de 1945. Mais il a depuis lors connu au moins une vingtaine de modifications. Faut-il condamner le code civil parce que la première ligne en a été écrite au début du XIXème siècle ? Peut-être est-il nécessaire de réécrire cette ordonnance de 1945 mais en gardant les principes généraux et notamment la primauté de l'éducatif sur le répressif. Cette réécriture pourrait être l'occasion d'un vrai grand débat où seraient enfin consultés tous les professionnels de l'enfance et de l'adolescence.

En attendant les vraies réformes sont d'ordre budgétaire de façon à donner à la justice ordinaire des mineurs les moyens de fonctionner normalement et à lui rendre son efficacité et son effectivité. Les délais d'attente imposés au juges de enfants pour placer un mineur sont intolérables, décourageants et dangereux. L'effort est actuellement mis sur les centres éducatifs fermés. Mais il existe des structures infiniment moins lourdes et moins coûteuses. Ainsi, les centres éducatifs renforcés plus souples et majoritairement implantés en zone rurale ou dans de petites villes et dont le coût de journée est de 373 €, celui des centres éducatifs fermés étant de 560 €. Ce sont en fait les structures de placement ordinaire, les centre d'action éducative avec structure d'hébergement et les centres éducatifs de placement immédiat qui doivent être soutenues. Compte tenu du retard pris depuis cinq ans par rapport aux promesses faites en 2002, ce sont 500 postes nouveaux d'éducateurs de la protection judiciaire de la jeunesse qui devraient être créés chaque année pendant 10 ans pour les décisions de la justice des mineurs entrent effectivement en application en temps et en heure.

Il convient aussi de mieux réfléchir au contenu de l'action éducative. Il ne suffit pas de créer des structures nouvelles et de proclamer que l'on crée des centres fermés. Encore faut-il un réel programme rééducatif. La charrue a été mise avant les boeufs. Le politique a d'abord pensé au contenant, sans se poser la question du contenu : enfermé, certes, mais pour faire quoi ?

Enfin, parmi toutes les mesures que le tribunal pour enfants peut prononcer, la réparation doit être privilégiée. Il s'agit d'une mesure immédiatement compréhensible pour le mineur, mais aussi la victime et la société. Il est indispensable de favoriser et d'amplifier l'action des associations qui aujourd'hui prennent en charge ces mesures-là. Un réseau national d'associations habilitées comme il en existe aux Pays Bas permettrait, là encore, d'améliorer la mise en oeuvre rapide des décisions de justice.

Aujourd'hui, le juge peut placer un mineur en prison simplement par la vertu de sa signature au pied de son jugement : sa décision est exécutée dans l'heure. S'il décide de placer dans un foyer, il doit consulter la longue liste d'attente et patienter quelques mois. C'est à cette dérive qu'il faut mettre fin.

CHAPITRE V

Simple, inefficace et dangereux : « tourner la page de la récidive »

Nicolas Sarkozy criminologue, théories et statistiques

> « Et la deuxième remarque que je voudrais faire, que je changerai, c'est l'affaire des multi-récidivistes. Est-ce que vous savez que 50% des crimes et délits sont commis par 5% de délinquants, les mêmes ? ». « Je suis bien décidé à mener ce combat jusqu'à ce que la société française se dote des moyens de tourner la page de la récidive »
>
> « Le problème des multirécidivistes, je le réglerai dans l'été 2007, en faisant voter une loi qui punira les multirécidivistes à la hauteur de ce qu'ils méritent »
>
> (TF1 le 16 avril 2007)

Chacun de se demander où ce subtil utilisateur de la statistique policière qu'est le ministre de l'intérieur a trouvé ce chiffre de 50%. Chiffre accablant certes pour les récidivistes et tout à fait propre à justifier une politique d'une plus grande fermeté encore contre ce « fléau ». Mais chiffre qu'aucun spécialiste de la récidive n'avait jamais découvert et qui ne figure sur aucun répertoire de la police nationale ou de la gendarmerie.

Curieusement présenté à l'égal des autres chiffres minutieusement collationnés dans les discours officiels, ces 50% paraissent non seulement faux mais absurdes. De modestes mais sournois adeptes de l'arithmétique font en effet remarquer que la police n'a identifié les auteurs que de 34 infractions sur 100 (le taux d'élucidation étant, officiellement, de 34,3% pour 2006). Elle ne sait donc pas, et son ministre pas davantage, qui a commis 66% des infractions. Il est donc impossible d'affirmer de façon péremptoire que 50 infractions sur 100 sont commises par des récidivistes, que donc 1.862.794 crimes et délits sont de leur seul fait ! Des âmes perverses vont jusqu'à souligner que, chaque année, sur les 34,3% d'infractions élucidées (1.280.000 environ) et qui donnent lieu à une réponse pénale (poursuites ou procédures alternatives) 110.000 seulement donnent lieu à des condamnations de récidivistes (en prenant la récidive dans sens très large et non juridique). Condamnations très sévères d'ailleurs selon toutes les études du ministère de la justice : ils vont deux fois plus souvent en prison que les autres. Nous nous éloignons beaucoup des 50% du ministre. Dire que la récidive représente 5% environ de la délinquance et non 50%, ce n'est pas nier le phénomène mais permettre de le combattre réellement.

On ne peut tout de même pas imaginer que Nicolas Sarkozy ou ses conseillers aient inventé ces 50%. Mais peut-être s'agit-il seulement d'une théorie ? En cherchant bien la source de cette science personnelle du ministre, nous nous sommes demandés si elle ne se trouvait pas, pour une fois, dans des études de sociologie criminelle et plus particulièrement dans une étude publiée en 2000 qui concerne la délinquance des mineurs. Cette étude est citée dans le rapport du Sénat sur la délinquance des mineurs, rapport publié en 2002 et qui semble avoir tant marqué le ministre de l'intérieur. Il ne s'agit pas, là, d'une étude statistique mais d'un travail de recherche. Ce travail, tout à fait estimable, repose non pas sur une observation de terrain ou un travail policier mais sur des interviews de jeunes. Il a été conduit auprès d'une population 2288 jeunes de 13-19 ans des agglomérations de Grenoble et Saint Etienne. Il s'intitule « enquête sur la délinquance auto-déclarée des jeunes ». Il s'agit de la première recherche de ce type en France. A partir de ces interviews, Sébastien Roché, le directeur de cette recherche, a avancé une hypothèse selon laquelle la délinquance des mineurs serait concentrée sur un tout petit nombre de mineurs : 5% d'entre eux commettraient 50 à 60% du total des actes commis. Le Sénat, dans son rapport, relate cette recherche avec une prudence de bon aloi, sous la rubrique : « la théorie des 5% ». Cette recherche est évidemment très intéressante mais il n'est pas besoin de longues explications pour comprendre que sa portée est relativement limitée et qu'elle n'avait pas vraiment vocation à devenir la base d'un credo répressif. D'abord parce que sa marge d'erreur est très grande. Elle repose sur une estimation fournie par les jeunes eux-mêmes avec toutes les interférences possibles et sans aucun contrôle possible. Et surtout elle ne porte que sur une délinquance particulière, celle que commettent les jeunes, très différente de celle de l'ensemble de la population. Il n'est donc pas sérieux, ni même honnête, d'avancer ce chiffre sans expliquer d'où il vient et quelle sont sa portée et ses limites.

La réalité de la récidive : une criminalité en baisse

Même pour justifier le vote de la loi du 12 décembre 2005 sur le traitement de la récidive, loi sortie tout droit des cartons de Nicolas Sarkozy et de ses amis, personne n'avait osé une référence à la « théorie des 5% ». Et pourtant les chiffres, là encore, avaient été grandement sollicités. Qui veut noyer son chien prétend qu'il a la rage. La récidive en France, telle qu'elle est définie par la loi, ne représente que 5% des condamnations prononcées par les tribunaux. Ce chiffre était évidemment insuffisant pour sonner le tocsin. Il a donc fallu avoir recours à un concept plus large, utilisé par les chercheurs et non par les tribunaux, celui de réitération de l'infraction, à savoir le simple fait d'être condamné à nouveau, quel qu'en soit le motif juridique. Avec cette définition plus ample, on atteignait un taux de « récidivistes » plus impressionnant de 30% qui pouvait faire suffisamment peur. Mais, même en prenant ce concept là, il était difficile d'affirmer une quelconque urgence à voter de nouvelles lois, car la récidive, en France, n'augmente pas. Les récidivistes criminels sont assez peu nombreux et même de moins en moins nombreux. En 2000 on comptait 117 personnes condamnées pour crime en récidive, en 2004 84. Un chiffre en baisse ! Et que l'on s'est bien gardé de citer pendant le débat. Il faut dire, qu'en plus, le taux de récidive criminelle est très faible, de l'ordre de 3%. Là aussi, rien qui justifie une fièvre soudaine du législateur. D'autant que les cour d'assises ne sont pas particulièrement tendres avec les récidivistes. Quant aux délits, leur récidive reste préoccupante mais, là encore, des solutions très raisonnables avaient été dégagées par le code pénal entré en vigueur en 1994 et plusieurs modifications étaient déjà intervenues depuis lors. Ces dernières années cette récidive était restée stable ; elle était même en baisse depuis 2000.

    Pour créer la confusion, puisque les chiffres étaient difficilement utilisables, la solution était simple : il suffisait de choisir l'un des crimes commis par un récidiviste et de le monter en épingle. Mobiliser l'opinion publique sur ces crimes sordides est d'une facilité dérisoire. Ils font naître, à juste titre, une émotion considérable. Qui ne s'identifierait à ces victimes ? Qui n'éprouverait pas un sentiment de rage à voir l'immense douleur des familles ? La responsabilité du politique est de tenir un langage de raison dans ces affaires et de laisser la police, les experts, la justice faire son travail. Nicolas Sarkozy a fait le choix inverse. Il utilise le meurtre ignoble de Mme Nelly Cremel tuée le 2 juin 2005 près de chez elle alors qu'elle faisait son jogging. Un suspect est arrêté, Patrick Gateau. Il avait été condamné en 1990 par la cour d'assises de Lyon à la réclusion criminelle à perpétuité pour le meurtre d'une femme commis en 1984 alors qu'il était déjà connu pour vols, violences, attentat à la pudeur. En 2003 il avait bénéficié d'une libération conditionnelle, après 16 années et 4 mois de prison, sur décision de la juridiction régionale de libération conditionnelle. Nicolas Sarkozy se déchaîne contre le juge qui a accordé cette mesure, ignorant qu'elle a été décidée en collégialité. Il souhaite que le juge « paye pour sa faute » et demande même des sanctions. Il reviendra ensuite inlassablement sur ce meurtre et ses circonstances avec une insistance choquante en s'en servant pour illustrer ses propositions. Le but de cette campagne est double. Mettre d'abord le projecteur sur la récidive alors que la masse des affaires de récidive n'a aucun rapport avec cette affaire. Puis jeter l'opprobre sur la justice en affirmant haut et fort qu'elle relâche avec inconscience et légèreté des individus dangereux et qu'il faut donc la contraindre à frapper plus durement les délinquants récidivistes.

Chacun sait que le laxisme des juges est une pure invention. Il suffit de fréquenter un tribunal correctionnel pour s'en convaincre. Ou de regarder les chiffres de l'administration pénitentiaire qui doivent être connus même du ministère de l'intérieur : si l'on compte 10.000 prisonniers de plus en cinq ans alors que la criminalité est censée baisser, peut-être n'est pas précisément en raison du laxisme des juges. Si ces chiffres ne convainquent pas les plus sceptiques, il suffira de lire quelques études menées pour le compte du ministère de la justice. On y apprend que les juges sont très sévères avec les récidivistes. Ils les condamnent presque systématiquement à la prison : 80% d'entre eux se voient infliger des peines d'emprisonnement ferme.

Confusion avec les crimes exceptionnels

Pourquoi donc vouloir faire croire qu'une réforme législative est nécessaire ? Pourquoi vouloir à tout prix faire subitement de la récidive une priorité ? Pourquoi ne pas tenir compte de chiffres pourtant éloquents et des réformes récentes qui étaient intervenues sur ce même sujet ? Tout simplement parce que la volonté n'est nullement de s'attaquer à la récidive mais de mener une opération politique : apparaître comme le champion de la sécurité, entonner le chant toujours séduisant de la répression, en proposant encore plus de prison et de sévérité, pour faire pièce à une justice dont il est de bon ton de dire qu'elle est laxiste, là comme ailleurs. Il faut que tout paraisse simple. Les récidivistes ont choisi d'être récidivistes. Les comprendre est une perte de temps. La seule réponse efficace est de les laisser en prison le plus longtemps possible. Ce « raisonnement »-là fait mouche sur le zinc de n'importe quel bistro.

Mais la principale raison est ailleurs. Si la politique de sécurité de Nicolas ne donne pas les résultats escomptés, il faut bien en trouver un responsable. Une présentation habile permet d'en trouver deux d'un coup : les récidivistes, le « noyau dur » de la délinquance, et les juges qui les encouragent en essayant de leur trouver des excuses. Les solutions sont donc simples. On en trouve un début d'application dans la loi du 12 décembre 2005 sur le traitement de la récidive : interdire au juge de prononcer autre chose que de la prison, le dispenser même de motiver l'emprisonnement, en attendant la prochaine loi sur les peines plancher.

Mobiliser l'intelligence plutôt que la peur

Quelle que soit la passion que l'on peut entretenir pour la prison, elle a ses limites. Nicolas Sarkozy en a reconnu lui-même le rôle néfaste. Il a, plus d'une fois, dans ses dernières interventions repris à son sujet la formule bien connue de « l'école du crime ». Si tel est le cas, il y a quelque contradiction a en faire la solution miracle pour lutter contre la récidive. A moins de renoncer définitivement au moindre espoir de changement du délinquant. Comment dire en même temps que la prison produit de la récidive et qu'elle est la meilleure arme pour la combattre ?

La récidive, telle que le ministre en parle, apparaît un problème lointain. Elle serait le fait de quelques « monstres » commettant des crimes épouvantables. En réalité, la récidive, nous la connaissons tous. Elle est beaucoup plus banale, et fait rarement la une des journaux. L'alcool et la drogue en sont une des causes essentielles, tout comme la maladie mentale ou les troubles de la personnalité. Il y a, malheureusement, en France suffisamment de toxicomanes et d'alcooliques pour que, chacun, au sein de sa famille, ou parmi ses proches, connaisse les immenses difficultés liées à une désintoxication. Les rechutes sont non seulement fréquentes, mais font même partie du parcours ordinaire d'une toxicomanie, parcours long, s'inscrivant le plus souvent sur plusieurs années. N'importe quel thérapeute peut dire qu'une rechute est une étape, non obligatoire, mais fréquente, dans un processus de soins et de réadaptation progressive. Il ne s'agit pas de baisser les bras, loin de là. Cette rechute exige au contraire une plus forte mobilisation. Mais il n'y a pas de recette miracle, pas de trajectoire type. Chaque individu réagit, vit à sa façon. La multiplicité des rechutes ne signifie en rien une fatalité de celles-ci. Il est toujours possible qu'un individu, même après de nombreux échecs, s'en sorte et trouve enfin les ressources nécessaires qui lui avaient fait défaut jusque là.

L'intervention judiciaire obéit à une logique du même ordre. Pour quelques uns, un seul passage en justice peut suffire. Pour d'autres, le temps sera plus long, mais la récidive, même si elle appelle du juge une sanction plus sévère, ne doit en aucun cas, signifier une acceptation de cette délinquance, le renoncement au changement.

La récidive est un sujet grave qui réclame des solutions sérieuses. Le principe d'une aggravation de la peine prévue par le code pénal actuel, le doublement de la peine encourue, apparaît satisfaisant et laisse aux juges une marge de manoeuvre satisfaisante. Inutile d'en faire plus du côté de la peine.

Si la recherche de l'efficacité de la peine est le souci premier, c'est exactement la politique inverse de celle de Nicolas Sarkozy qui doit être encouragée. Le pire des solutions, et de loin, face à la récidive est l'automaticité de la peine. La vraie réponse est, tout au contraire, une plus grande individualisation de la sanction. Ce qui ne signifie absolument pas que cette sanction doive être moins sévère.

La récidive est le signe évident d'une personnalité plus complexe qu'on ne le croyait. Ou d'un contexte plus difficile à appréhender. Le devoir de la justice est de rechercher plus précisément les facteurs de cette répétition et le pourquoi de l'échec des précédentes sanctions. La récidive peut être liée à une addiction quelconque (drogue, alcool, jeu...). Elle peut être le signe de troubles de la personnalité ou l'une des expressions d'une maladie d'ordre psychiatrique. Elle peut s'inscrire dans un contexte de bande ou de groupe, voire d'organisation criminelle. Elle peut être la conséquence d'une situation administrative inextricable, s'agissant par exemple de sans-papiers. Autant de cas qui correspondent à des situations différentes et nécessitent des réponses particulières. Quand un médecin constate la persistance de troubles ou une rechute de maladie, son premier réflexe est d'approfondir les examens du patient, pas de doubler la dose des médicaments.

Les Français attendent de la justice qu'elle soit plus humaine et plus efficace. Le traitement de la récidive doit répondre à ces exigences. L'humanité, c'est de ne jamais désespérer d'un être. Combien ai-je vu, comme juge, de ces hommes et ces femmes qui ne demandaient qu'à être crus quand ils affirmaient vouloir enfin changer ? Et qui s'étonnaient qu'on les laisse aller, dans leur discours, jusqu'au bout de leur espoir. Beaucoup de victimes peuvent entendre ces paroles-là. C'est au juge d'apprécier la crédibilité de ces mots de regret, de jauger le chemin parcouru, les garanties offertes. Il n'y a aucun angélisme, aucune naïveté à espérer d'un délinquant qu'il revienne dans le droit chemin, à être à l'affût du changement. La société porte en elle cet espoir. Le juge doit le porter avec elle. Un jour les portes des prisons s'ouvrent de toutes façons. La justice doit sanctionner mais la peine doit être une oeuvre d'intelligence et d'humanité. Répondre systématiquement par la prison est un gage certain d'inefficacité.

Si quelqu'un prétend, comme notre ministre, qu'il va tourner la page de la récidive, c'est qu'il ne l'a jamais lue. Personne ne tournera jamais cette page. Qui peut le croire sérieusement d'ailleurs ? Entendre un candidat affirmer sans sourciller qu'il va « *régler le problème des multirécidivistes dans l'été 2007* » fait partie des promesses électorales les plus absurdes qui soient. Personne ne fera jamais disparaître la récidive, pas plus que la délinquance. Loin de toute démagogie, la responsabilité du politique est de ne promettre que le possible. Lutter contre la récidive, c'est en rechercher inlassablement les causes et s'attaquer en priorité à elles.

L'explosion des prisons

S'il est un problème que Nicolas Sarkozy ne risque pas de régler, en tout cas, c'est celui de la prison. Son projet sur la récidive a été élaboré sans qu'aucun impact budgétaire ou pénitentiaire ait été calculé. Or son application ne peut qu'entraîner une explosion du système pénitentiaire du fait d'un accroissement considérable de la durée de l'emprisonnement. En effet, si, à la première récidive, la personne condamnée se voit infliger déjà la moitié du maximum, la durée moyenne de la détention va s'accroître considérablement. Elle est actuellement d'un peu plus de 8 mois. Aujourd'hui, par exemple, pour un vol simple, passible au maximum de 3 ans de prison, la peine prononcée pour la première récidive dépassera très rarement 3 à 6 mois de prison ferme. Or dans le nouveau système la peine serait automatiquement de 18 mois d'emprisonnement, soit 3 à 6 fois plus. Encore ne s'agit-il que d'une des infractions les moins sévèrement réprimée. L'auteur d'un abandon de famille en récidive sera puni d'un an de prison ferme. Le récidiviste de conduite sous l'empire d'un état alcoolique sera automatiquement condamné à un d'emprisonnement ferme. Nous sommes aujourd'hui à 60.000 détenus. Nous serons, au bout d'un an, à 100.000 détenus et le chiffre ne fera que croître. Il est tentant pour ce candidat de se poser en pourfendeur de la récidive. Son système conduit tout droit à une catastrophe. L'intéressé affirme vouloir investir dans les prisons mais, quelle quoi soit la vitesse à laquelle il en fera construire de nouveaux établissements, il n'arrivera pas à absorber l'afflux de prisonniers qu'il va créer. Non seulement ce projet sera dramatiquement inefficace mais il va créer des tensions insoutenables.

CHAPITRE VI

Le traitement chimique, c'est pas automatique

Le traitement chimique imposé, selon Nicolas Sarkozy

« *Je demande qu'il n'y ait pas de libération provisoire pour un délinquant sexuel qui n'accepte pas de suivre un traitement chimique. Qu'on le mette comme condition à sa libération* », déclarait Nicolas Sarkozy dans l'émission « à vous de juger » en novembre 2006. Il ne faisait que décliner une idée qu'il poursuit inlassablement depuis plusieurs années. Déjà, le 27 septembre 2005, il affirmait : « *je souhaite que l'on sorte des tabous concernant le suivi médicamenteux de ces individus qui ne contrôlent pas leurs pulsions. Il faut pouvoir l'imposer. Il existe des traitements... Le volontariat des criminels et des psychopathes, je ne connais pas, mais je connais le volontarisme de l'Etat* ». Ce jour-là, le ministre ne s'exprimait évidemment pas dans une conférence de consensus de médecins psychiatres ou devant les meilleurs spécialistes du traitement la délinquance sexuelle, mais devant un parterre de 2000 policiers et gendarmes qui n'ont guère élevé de protestation. Cette proposition avait déjà soulevé un tollé parmi les psychiatres français qui la jugeaient à la fois irréaliste et contraire à la déontologie médicale, rappelant que ce traitement peut s'avérer utile chez certains patients mais ne pouvait pas constituer une réponse systématique et encore moins être administré sous contrainte[13]. La question est revenu en débat au Parlement lors de la discussion de la loi sur la prévention de la délinquance fin 2006. Le programme de l'UMP sur la justice fait allusion à cette discussion : « *la faculté d'administrer, y compris contre leur volonté, des substances visant à faire diminuer la libido de ces personnes a été sérieusement évoquée. Éclairé par les exigences européennes et face à une possible censure constitutionnelle, le législateur a finalement retenu la possibilité d'administrer un traitement, mais uniquement avec le consentement de la personne concernée* ». Manifestement le président de lUMP n'a pas lu ses documents internes et continue de proposer d'imposer ce traitement.

La délinquance sexuelle : une criminalité extrêmement traumatisante, fortement punie

Pour essayer de comprendre la proposition de Nicolas Sarkozy, il faut, très rapidement, indiquer dans quel contexte elle s'inscrit. Car, là encore, la proposition du ministre-candidat a l'apparence de la simplicité et de l'évidence, mais le sujet est complexe.

Les crimes et délits de nature sexuelle sont la cause de traumatismes extrêmement destructeurs que la société a mis longtemps à admettre. Les dégâts qu'ils causent à tous les âges sont très difficiles et très longs à réparer même si aucune victime ne réagit de façon similaire. L'action des pouvoirs publics est primordiale pour l'organisation des soins à apporter aux victimes, la prévention de ces infractions et la pertinence des sanctions infligées aux délinquants. La réaction sociale a été extrêmement longue face à cette criminalité longtemps ignorée. Il a fallu toute la détermination et le courage du mouvement féministe pour

---

[13] Le Monde 29 sept 2005.

commencer à lever ce tabou. Mais une fois levé le voile, une fois mesurée l'intensité des souffrances, les solutions se sont avérées délicates et incertaines. Il a fallu faire face à une criminalité dont on soupçonnait bien l'ampleur mais qui s'est rapidement imposée comme une délinquance majeure. Les plaintes se sont multipliées, les arrestations ont suivi et les prisons se sont remplies. Le tableau suivant donne les principaux chiffres depuis 1999. Environ 40000 affaires traitées chaque année par la police. Environ le quart aboutit devant les tribunaux, 10.000 environ (mais il n'y en avait que 6000 en 1990), dont 1700 devant les cours d'assises. En matière criminelle les peines sont en moyenne de 13 ans et pour les délits, la peine d'emprisonnement moyenne est de 30 mois.

Année	1999	2000	2001	2002	2003	2004	2005
Viols constatés	7958	8458	9574	10460	10408	10506	9993
Atteintes moeurs constatés	11360	10449	10233	11128	14236	17050	16859
Harcèlements et autres agressions constatés	12732	14263	15273	15743	15394	15732	13875
Total	32050	33170	35080	37331	40038	43836	40727
Condamnations pour viols	1917	1623	1656	1581	1710	1744	
Quantum moyen des peines de réclusion	13 ans, 5 mois	13 ans, 4 mois	13 ans, 6 mois	13 ans, 6 mois	13 ans, 2 mois	13 ans, 1 mois	
Condamnations pour délits sexuels	8194	8065	7726	8185	8424	8969	
Quantum moyen peines de prison pour délits	29,9 mois	31,6 mois	31,1 mois	29,8 mois	29,3 mois	29,4 mois	29,1 mois

Condamnés détenus au 31/12 pour infractions sexuelles			7779	8109	8239	8670	8529
% des condamnés			23,9%	23,4%	21,9%	22,2%	22,0%
Mesures de suivi socio judiciaires prononcées	0	0	413	626	825	1013	

La France est le pays le plus répressif d'Europe en la matière. Les peines prononcées sont extrêmement lourdes. Les condamnations pour viol sont plus sévères que celles prononcées pour homicide. Environ 22% des détenus condamnés en France, sont des délinquants sexuels : environ 8000 alors qu'ils n'étaient que 1000 en 1980. Qu'il faille punir le viol, l'agression sexuelle, la pédophilie, le harcèlement, personne ne le conteste, mais comme n'importe quelle délinquance, ces infractions méritent une réponse ferme et intelligente. Peut-être plus que n'importe quelle autre car ces déviances mettent en jeu de multiples facteurs.

Répression et traitement de la délinquance sexuelle : l'équilibre trouvé par la loi du 1998

La France a la chance de disposer d'une législation bien faite pour traiter la délinquance sexuelle, une loi promulguée le 17 juin 1998[14] à la suite de longues et riches discussions, une réglementation équilibrée, souple, à la fois répressive et préventive. Elle nous intéresse ici car elle a créé la mesure du suivi socio-judiciaire. Cette peine nouvelle permet de suivre un délinquant sexuel à sa sortie de prison et de le soumettre à

---

[14] Loi 98-458 du 17 juin 1998 sur le répression des infractions sexuelles et la protection des mineurs.

différentes mesures de surveillance et de soins pendant un durée prévue par le loi mais qui peut être très longue, voire (depuis une loi de 2004) sans limite. C'est dans ce cadre que peut être mis en oeuvre un « traitement » dont la nature n'était pas détaillée par la loi, du moins jusqu'en 2005. La loi a prévu un certain nombre de garanties pour éviter tout mélange des genres, toute confusion entre la justice et la médecine, tout l'art du législateur consistant à les faire travailler ensemble tout en respectant le rôle de chacun : l'injonction de soins ne peut être prononcée qu'après une expertise médicale spécifique et le consentement du condamné est exigé. L'exécution de la mesure est soigneusement étudiée pour éviter toute interférence du juge dans la relation médecin/condamné-patient : entre le juge et le médecin (ou psychologue) qui suit le condamné a été prévu un « médecin coordonnateur » choisi sur une liste de médecins ou psychiatres ayant suivi une formation spécialisée. C'est lui qui transmet au juge les éléments lui permettant d'apprécier si le condamné respecte ou non l'injonction de soins. En cas de non respect, et donc si le condamné ne se soumet pas au traitement, le sujet peut être placé en détention par décision du juge de l'application des peines dans la limite de la peine qui avait fixée dès la condamnation initiale. Cette nouvelle législation est entrée progressivement en application. Il fallait créer toute une organisation. Les premières mesures ont été prononcées en 2001 et l'on en compte un millier prononcé désormais chaque année. Il existe de nombreuses difficultés d'application. En raison notamment de faible nombre de médecins susceptibles d'être désignés.

L'inscription du traitement « chimique » dans la loi depuis décembre 2005.

C'est donc dans ce cadre bien précis du suivi socio-judiciaire créé par la loi de 1998 que s'inscrit le proposition de Nicolas Sarkozy. Une première tentative avait été faite lors du vote de la loi du 12 décembre 2005 sur le traitement de la récidive. Cette loi a inscrit en toute lettre dans la réglementation du suivi socio-judiciaire la possibilité de suivre un traitement dit « chimique », traitement décidé par le médecin et non par le juge. On peut ainsi lire un nouvel article L. 3711-3 qui prévoit que « *le médecin traitant est habilité à prescrire au condamné, avec le consentement écrit et renouvelé, au moins une fois par an, de ce dernier, un traitement utilisant des médicaments dont la liste est fixée par arrêté du ministère de la santé et qui entraînent une diminution de la libido, même si l'autorisation de mise sur le marché n'a pas été délivrée pour cette indication* ».

Il convient de rappeler dans quelles conditions lesquelles le texte a été voté. Il était bien clair que ce traitement « chimique » n'était envisagé que comme un appoint. Le rapporteur au Sénat, M. Zochetto, précisait bien que ce traitement hormonal « réversible » était « parfois » prescrit « en sus du traitement psychothérapique ». Il était rappelé que ces médicaments avaient aujourd'hui une autorisation de mise sur le marché (AMM) qui ne concernait pas cet usage à destination des délinquants sexuels puisqu'ils étaient le plus couramment prescrits pour lutter contre le cancer de la prostate. La loi intervenait pour tenter de donner une base légale permettant au médecin prescripteur d'être couvert par son assurance et aux patients-condamnés d'être remboursés par la Sécurité Sociale.

Aussi curieux que cela puisse paraître il n'y a pas aujourd'hui en France d'autorisation de mise sur le marché pour ces médicaments utilisés dans ce cadre d'une prise en charge d'in délinquant sexuel. C'est pourquoi à l'initiative du ministère de la justice, une expérimentation a été engagée afin de permettre la délivrance de cette autorisation, mais les résultats de cette étude ne pourront être validés qu'après plusieurs années.

Une proposition démagogique et dangereuse

La discussion parlementaire de 2005, permet de mesurer l'aberration que constitue la proposition de Nicolas Sarkozy. Imposer un « traitement chimique » constituerait une faute lourde compte tenu des incertitudes actuelles sur le sujet. La prescription généralisée de ces médicaments ferait aujourd'hui courir un risque majeur, non seulement aux condamnés mais à l'ensemble de la société qui se croirait protégée à tort. Si les compagnies d'assurances ont jusqu'à présent refusé d'assurer les médecins, elles avaient de bonnes raisons de le faire.

Il n'y a aucune raison de favoriser aujourd'hui le traitement « chimique ». Il ne constitue qu'un traitement parmi d'autres et rien ne prouve qu'il soit plus efficace qu'un autre. Toutes les techniques possibles sont aujourd'hui utilisées dans le monde (techniques comportementalistes, psychothérapie, psychanalyse, groupes de paroles...) et il n'existe, en l'état, aucune mesure fiable de leur efficacité respective.

L'une des nombreuses difficultés auxquelles se heurtent les thérapeutes est l'absence de certitude sur les effets réels de ces médicaments anti-androgènes. C'est d'ailleurs pourquoi ils ne possèdent pas d'autorisation de mise sur le marché. Les meilleurs spécialistes le disent sans ambages. *« Prescrire un anti-androgène à l'auteur d'agressions sexuelles, c'est lui apporter un traitement symptomatique efficace. Mais une telle prescription ne peut être banalisée »*, affirment notamment le Professeur Florence Thibaut et le

Docteur Bernard Cordier. La prescription de produits « chimiques » ne peut donc être systématisée. En aucun cas, une loi ne peut prescrire de façon générale une telle thérapeutique et se substituer au juge ou au médecin.

La proposition de Nicolas Sarkozy a l'apparence de la facilité. Elle est facile et rapide à énoncer et à comprendre. Mais, comme beaucoup de propositions de ce type, elle est fausse et dangereuse. Fausse car tous les délinquants ne sont pas susceptibles de recevoir un tel traitement. Daniel Zagury, éminent expert psychiatre, estime que ces médicaments chimiques sont adaptés dans 10 à 15% des cas seulement. Il s'agit d'un médicament. Or prescrire un médicament est du ressort du seul médecin. Lui seul, et personne d'autre, dans une démocratie, ne peut le faire. On est gêné de rappeler de telles évidences. Le médecin lui-même doit respecter un certain nombre de principes qui font partie de sa déontologie. L'autorité qui prescrit le médicament doit être indépendante, le patient doit donner un consentement libre et éclairé, les bénéfices thérapeutiques espérés doivent dépasser les risques encourus...

« Les produits chimiques, c'est pas automatique »

Lorsqu'une loi intelligente a été votée, à l'issue d'une longue concertation avec tous les professionnels, il faut lui donner les moyens d'entrer réellement en application. Nous en sommes là, aujourd'hui, en France. Et cette législation est loin d'avoir donné la mesure de son efficacité. La répression est forte, elle ne peut l'être davantage. Chacun voit bien que l'urgence, aujourd'hui, est dans le développement de la recherche. La prison ne suffira pas, surtout dans son état actuel. Emprisonner un délinquant sexuel en France aujourd'hui c'est, pour la société, prendre le risque qu'il n'en ressorte plus perturbé qu'il n'y est entré.

Le rôle de l'Etat est donc de financer et d'aider par tous les moyens la recherche et la formation. L'ARTASS (Association pour la recherche et le traitement des auteurs d'agressions sexuelles) qui regroupe des thérapeutes, des praticiens de la santé de la justice et des universitaires de France et d'Europe est un bon exemple de ce type d'action qu'il convient d'encourager. Il faut impérativement que la France dispose le plus rapidement possible d'un réseau suffisamment étoffé de soignants capables d'accueillir et de traiter cette population en souffrance et à risque. Mais cette évolution est indissolublement liée à l'état du secteur psychiatrique en France qui connaît une crise gravissime comme nous allons le voir.

« Les produits chimiques, c'est pas automatique », pourrait-on dire, à l'instar de la campagne de sensibilisation menée il y a peu au sujet des antibiotiques. La problématique est la même. Utiliser à tort et à travers un médicament non seulement ne guérit rien mais lui fait perdre de son efficacité.

Que Nicolas Sarkozy propose plus de prison pour les délinquants sexuels, c'est son droit, nous sommes dans le domaine de la politique. S'il pénètre sur le terrain de la médecine, il ne peut faire autrement que de se plier à l'avis des médecins, puisque nous sommes encore en démocratie.
« Dans un domaine aussi complexe, il serait dangereusement illusoire de laisser croire que la médecine ou les techniques psychothérapiques sont certainement à même de contrôler les récidives » (avis du Comité consultatif national d'éthique du 20 décembre 1996).

CHAPITRE VII

Le nouvel asile pénitentiaire

« *Je souhaite une politique pénitentiaire toute différente (...) avec une proposition : qu'il y ait des établissements spécialisés pour les détenus ayant des problèmes psychiatriques. On ne peut plus continuer avec des prisons qui font honte, le personnel pénitentiaire n'y étant pour rien, où l'on mêle des gens qui sont psychiatriquement des malades* », déclarait Nicolas Sarkozy le dans l'émission « à vous de juger » le 30 novembre 2006. Il y a « *clairement un problème essentiel qui est celui de la présence dans les prisons de malades, il faut de toute urgence développer ce qu'on peut appeler l'hôpital-prison* », affirme Nicolas Sarkozy en visite au centre pénitentiaire pour femmes de Rennes, le 22 janvier 2007. Cet hôpital-prison permettrait « *de mettre dans des établissements d'un nouveau type des femmes et des hommes qui ont besoin d'être soignés et qui peuvent présenter un danger à la fois pour la société et pour leurs codétenus... on doit différencier les malades des délinquants* ». La proposition s'affine le 26 février 2007 (interview RMC): « *je veux qu'on sorte de prison les détenus atteints de troubles mentaux pour créer une dizaine de prisons-hôpitaux* ». Elle se développe le 12 avril (interview au Figaro): « *Il n'y a rien de plus urgent que de créer une prison-hôpital dans chaque région de France pour traiter le cas de ces malades* » (les délinquants sexuels). Il y a 21 régions en France.

Les affaires qui ont ému l'opinion publique

La visite du ministre-candidat à la prison de Rennes faisait suite à un acte de cannibalisme commis peu auparavant. Le 3 janvier 2006, un homme de 31 ans était retrouvé mort dans sa cellule de la maison d'arrêt de Rouen. Il avait été sévèrement battu puis étouffé avec un sac plastique. Il présentait une importante plaie au thorax. L'autopsie révélait qu'on lui avait prélevé une partie d'un poumon et deux muscles intercostaux. Son co-détenu s'accusait aussitôt du meurtre et affirmait avoir mangé le coeur de sa victime. L'intéressé avait déjà fait l'objet d'une expertise qui avait diagnostiqué une schizophrénie. Il avait des antécédents psychiatriques importants. Ce n'était pas la première affaire de ce genre. L'opinion publique a été émue par ce meurtre horrible mais, si les circonstances sont effectivement atroces, il s'inscrit dans le climat de violence ordinaire des prisons et il pose surtout avec brutalité la question de la présence de malades psychiatriques de plus en plus nombreux. La proposition de Nicolas Sarkozy a le mérite ordinaire de la simplicité : il y a trop de malades mentaux en prison, laissons-les y, et créons des établissements spécialisés. Mais est-ce une vraie réponse ?

État des lieux : des structures de soin insuffisantes

Pour juger de la portée du projet de Nicolas Sarkozy, encore faut-il rappeler rapidement dans quel contexte il s'inscrit. Il existe des structures de soins psychiatriques ou psychologiques en prison mais elles sont dramatiquement insuffisantes au regard du nombre grandissant de détenus présentant des troubles psychiques. Il s'agit des « SMPR » (Services Médico-Psychologiques Régionaux), au nombre de 26 aujourd'hui. Ils sont essentiellement implantés dans les maisons d'arrêt et également dans deux centres de détention. Ces services absorbent près de 80% des moyens disponibles.

Ils sont loin de disposer d'un personnel suffisant et la présence médicale et paramédicale n'y est pas assurée de nuit.

Dans les établissements ne disposant pas de SMPR, (l'immense majorité donc, représentant environ 60% de la population pénitentiaire), les soins courants sont assurés par des équipes réduites détachées du secteur de psychiatrie générale du centre hospitalier le plus proche.

Mickaël Janas, secrétaire général de l'Association des juges de l'application des peines, déclarait il y a peu : « *je suis plusieurs personnes condamnées à une obligation de soins, et d'ailleurs désireuses de se soigner. Ils ne bénéficient pourtant d'aucun suivi, car il y a dix mois d'attente pour consulter un psychiatre en prison. Et à la sortie c'est à peine mieux* ».

La loi de programmation et d'orientation pour la justice du 9 septembre 2002 a prévu la création d'unités hospitalières spécialement aménagées (UHSA) destinées à accueillir en établissements de santé l'ensemble des hospitalisations pour troubles mentaux de personnes détenues, qu'elles soient consentantes ou non. Ces unités disposeront pour assurer leur sécurité d'un personnel de l'administration pénitentiaire. Il est prévu 19 UHSA d'une capacité totale de 700 lits mais les premières (4 ou 5) n'entreront en service qu'en 2008 ou 2009.

État des lieux, l'augmentation dramatique du nombre de détenus présentant des troubles psychiques

En l'attente de ces nouvelles structures, la prise en charge des troubles psychiatriques en prison est dramatiquement insuffisante. Les besoins sont désormais connus. Plusieurs enquêtes officielles donnent une vision très précise du phénomène. En juin 2000 la commission d'enquête du Sénat sur les prisons notait : « *en raison d'une dérive psychiatrique et judiciaire, des milliers de détenus atteints de troubles psychiatriques errent sur le territoire national, ballottés entre les établissements pénitentiaires, leurs quartiers disciplinaires, les services médico-psychologiques régionaux, les unités pour malades difficiles, les unités fermées des hôpitaux psychiatriques ».*

Une première étude avait été effectuée par les inspections générales des services judiciaires et des affaires sociales et publiée en 2001. Les chiffres de référence sont de 1997. L'enquête est réalisée sur les « entrants en prison ». 8,6% des hommes et 13% des femmes étaient déjà pris en charge avant leur incarcération par des services psychiatriques. La part de ceux qui suivaient un traitement médicamenteux psychotrope était encore plus forte, puisqu'elle atteignait 18,6%. La conclusion de ces inspections, en additionnant les malades anciennement suivis et ceux nouvellement diagnostiqués, est que la part des détenus atteints de troubles mentaux est d'environ du quart des détenus : entre 14 et 25% chez les hommes et un peu plus (jusqu'à 30%) chez les femmes.

Un rapport du Professeur Jean-Louis Terra sur la prévention du suicide en prison, publié en décembre 2003, estimait à 55% le pourcentage des détenus entrant qui présentaient un trouble psychologique : 30% des hommes et 45% des femmes étaient atteints de dépression, et 1 détenu sur 5 était suivi avant son incarcération.

Une étude épidémiologique très poussée sur la santé mentale des détenus a été menée conjointement par la direction générale de la santé (DGS) et l'administration pénitentiaire sous la direction du Professeur Bruno Falissard, biostatisticien et épidémiologiste, et du professeur Frédéric Rouillon, psychiatre. Environ un millier de personnes détenues dans 23 établissements pénitentiaires et constituant un échantillon représentatif de la population carcérale, ont été interrogés entre juillet 2003 et septembre 2004. Les résultats sont alarmants. Huit hommes incarcérés sur 10 présentent une pathologie psychiatrique et plus de 7 femmes sur 10. La grande majorité en cumulant plusieurs. L'originalité de l'enquête est qu'elle s'intéresse à tous les troubles. Les troubles anxieux notamment concernent 56% des détenus, les troubles dépressifs 47%, les dépendances aux substances illicites ou à l'alcool 34% et les troubles psychotiques 24%. Ce dernier chiffre est généralement seul retenu pour caractériser la pathologie pénitentiaire. Mais, même sur ce chiffre, l'apport de l'enquête est très inquiétant. Sur ces 24%, 8% présenteraient une schizophrénie, 8% une psychose chronique non schizophrénique, 3% une schizophrénie dysthymique (associée à des troubles de l'humeur) et 5% une pathologie dont le type n'a pas été précisée. L'enquête note aussi qu'avant leur entrée en prison, plus du tiers des détenus avait déjà consulté en psychiatrie et 16% avaient déjà consulté en psychiatrie.

Le Dr Christiane de Beaurepaire, chef de service du SMPR de Fresnes a procédé une vaste observation des troubles psychiatriques des détenus, de leurs antécédents familiaux, de leur vie. Dans son étude publiée fin 2004, on peut lire un constat similaire : 14 % des prisonniers souffrent de psychoses - schizophrénie ou paranoïa -, 40 % de dépression et 33 % d'anxiété généralisée.

Le dysfonctionnement des tribunaux qui remplissent les prisons de malades mentaux

Qui donc est responsable de cette situation ? Les magistrats à coup sûr. On n'entre pas en prison sans leur accord ! Ce sont des décisions de justice qui envoient en prison des malades mentaux. Ces décisions-là sont-elles prises en toute connaissance de cause ? Les juges savent-ils qui ils emprisonnent ? La question pourrait paraître incongrue pour qui ne connaît pas la pratique judiciaire.

Ecoutons ce qu'en dit un psychiatre qui accueille les malades mentaux en prison, le Dr Gérard Dubret, psychiatre à la prison d'Osny. Il constate que cette population vient essentiellement des procédures d'urgence : « *l'immense majorité est jugée en comparution immédiate et ne voit même pas d'experts. Et pour ceux qui ont été examinés, les diagnostics d'irresponsabilité ont été divisés par dix en dix ans* »

Il faut effectivement aller dans une audience de comparution immédiate pour voir comment se remplissent les prisons en France. Grâce à cette politique délicieusement appelée « le traitement en temps réel », les magistrats n'ont pas toujours de temps de regarder ni d'écouter la personne qu'ils ont en face d'eux. Cette justice expéditive-là est l'un des facteurs majeurs de la présence de tant de malades mentaux en prison. En jugeant en un quart d'heure, c'est à dire en consacrant deux ou trois minutes aux paroles du prévenu on peut très bien ne rien voir de sa maladie. Quant à ordonner une expertise psychiatrique, peut-être cette investigation retardera-t-elle la vitesse de cette justice qu'on veut exemplaire par son efficacité.

Je citai dans un ouvrage précédent le cas de ce prévenu à qui l'on reprochait un vol de portefeuille et qui se présentait pour la 25ème fois devant un tribunal correctionnel. Le récidiviste typique qui passait régulièrement en comparution immédiate et écopait de petites peines de prison ferme. À l'écouter pourtant, à l'écouter vraiment, il apparaissait qu'il ne comprenait pas vraiment des questions simples et que le problème de sa responsabilité se posait. L'expertise psychiatrique aussitôt ordonnée a été formelle. Cet homme souffrait d'une psychose : « *une pathologie psychiatrique en relation avec une psychose infantile cicatrisée sur un mode déficitaire. Il présente une déficience intellectuelle importante avec un déséquilibre psychique responsable de nombreux passages à l'acte agressifs ou délictueux... Il n'est pas accessible à une sanction pénale. Il demeure difficilement curable et n'est pas réadaptable sur le plan social... Il est incapable d'assurer sa défense. Il garde une vision très anecdotique de ses antécédents judiciaires. Il se révèle incapable d'intérioriser la peine, la contrainte sociale comme toute expérience antérieure. Les événements vécus en prennent pas valeur d'exemple et n'entraînent pas de contrainte intérieure ».* Cet homme était pourtant passé 24 fois en correctionnelle. Il avait été à peu près autant de fois incarcéré. Il faisait partie de cette population dont la présence en prison étonne ou scandalise. Cette 25ème fois-là, il n'y a pas été. Il avait aussi bénéficié d'une expertise de bonne facture, impartiale et objective. L'expert n'avait pas craint de dire ce qu'il voyait et d'en tirer les conséquences : cet homme n'était pas du ressort de la justice.

Des expertises psychiatriques frileuses

Toutes les expertises psychiatriques ne sont pas de cette veine-là. Beaucoup d'experts psychiatres sont réticents à conclure à l'existence de troubles psychiques empêchant le passage en justice, ces troubles dont la loi dit qu'ils « abolissent le discernement ou le contrôle des actes » (article 122-1 du code pénal). Les seules statistiques dont nous disposons sont celles des non-lieux prononcés par les juges d'instruction suite à une expertise psychiatrique concluant à l'existence d'un tel trouble psychique. Elles mettent en évidence une diminution très sérieuse de ce type de non-lieux : 200 par an, contre 500 il y a 12 ans (1). De multiples raisons ont conduit à cette nouvelle jurisprudence des experts qui contribue, elle aussi, à remplir les prisons de malades psychiques. De bonnes raisons - une autre approche théorique et clinique de la maladie mentale - et de moins bonnes - le souhait de ne pas remplir les quelques places restantes en hôpital psychiatrique, une certaine soumission à la pression des magistrats, des victimes et de la société dans son ensemble. La conséquence la plus dommageable de cette évolution est que tous ces délinquants qu'on aurait considéré autrefois comme « en état de démence » ne bénéficient pas pour autant d'un régime de faveur. C'est même exactement le contraire. Car la maladie mentale continue d'effrayer. L'existence de ces troubles psychiques, souvent très graves, qui ne font plus éviter la prison, n'atténue pas pour autant la sévérité des juges ou des cours d'assises. Au contraire, elle aggrave leur sort.

Les prisons pour malades mentaux dangereux

Ces dernières années, le gouvernement s'est intéressé aux rapports de la maladie mentale et des prisons sous un angle restreint, celui des malades mentaux dangereux ou susceptibles de l'être. Deux missions ont été ainsi confiées en 2005 puis 2006, à Jean-François Burgelin, ancien procureur général de la cour de cassation (rapport de la Commission Santé-Justice), et à Jean-Paul Garraud, député UMP, ancien magistrat. Ils ont préconisé la création de « centres fermés de protection sociale » où pourraient rester enfermés aussi longtemps que nécessaire, voire à vie, les condamnés dangereux, une fois leur peine purgée. Un rapport sénatorial a, lui, rejeté ce projet de centres qualifiés de « lieux de relégation sociale, ni hôpitaux, ni prison » et a préconisé la création « d'unités hospitalières spécialement aménagées »[15]. Ce débat concernant les malades dangereux est réel et grave et les solutions doivent rester respectueuses de nos valeurs juridiques. Mais la question à laquelle Nicolas Sarkozy

---

[15] Rapport de MM. Philippe Goujon et Charles Gautier, « les délinquants dangereux atteints de troubles psychiatriques : comment concilier la protection de la société et une meilleure prise en charge médicale »; rapport n°420, 2005-2006.

répond par la solution simpliste « prison-hôpital » n'est pas celle-là. L'immense majorité des personnes présentant des troubles psychiatriques en prison n'est pas dangereuse. Ce qui peut les conduire à la violence, c'est la violence du cadre pénitentiaire qui ne fait qu'exacerber des pathologies incompatibles avec un enfermement sordide et criminogène car si la prison est l'école du crime elle est surtout l'école de la folie.

Le danger des propositions de Nicolas Sarkozy

Aujourd'hui donc, la justice, avec la bénédiction des experts, envoie en prison des personnes qui relèvent, non d'un système d'enfermement, mais d'un système de soins, la maladie mentale n'étant absolument pas synonyme de violence ni même de dangerosité. Beaucoup de ces malades devraient pouvoir être libérés et suivis en secteur psychiatrique ou hospitalisés. C'est cette dynamique-là qu'il faut créer. Or les propositions de Nicolas Sarkozy vont exactement à l'opposé. Il souhaite - apparemment - créer de nouvelles structures qui deviendraient automatiquement le dernier dépotoir de la société, après la prison. Il n'y aurait effectivement plus beaucoup de questions à se poser. Dans un premier temps en tout cas. La solution resterait de toutes façons l'enfermement. Car ce n'est pas l'emprisonnement des malades mentaux qui gêne le ministre-candidat, c'est la cohabitation avec des détenus ordinaires. Il est difficile d'imaginer une vision plus policière de la psychiatrie. Triste démocratie où les réformes touchant à la prison et à la psychiatrie, qui relèvent normalement du ministre de la justice et du ministre de la santé, sont entre les mains du ministre de la police ! On retrouve là, la même confusion qui a présidé à l'élaboration du projet de loi sur la prévention de la délinquance dont tout un chapitre était consacré à l'hospitalisation d'office. On aurait pu penser que le ministère de la santé soit au moins associé à cette réforme. Mais, là aussi, le ministre de l'intérieur, omniprésent, s'était occupé de tout, dans le but d'accélérer les procédures de placement d'office, notamment en les confiant aux maires.

Les solutions

Plutôt que de créer des hôpitaux prison, il faut faire baisser le nombre de détenus. Tous les rapports officiels émanant de tout bord vont dans le même sens. La plupart des malades mentaux n'ont rien à faire en prison. La prison doit accueillir en son sein des équipes soignantes, bien plus qu'aujourd'hui, mais elle ne peut faire que dans des limites raisonnables, compte tenu d'un cadre carcéral qui rend d'emblée toute thérapie extrêmement difficile. La prison ne peut en aucun cas faire face à ce raz de marée de pathologies en tout genre qu'elle héberge aujourd'hui par la force des choses sans qu'aucune politique sanitaire ou pénitentiaire réelle n'ait été définie.

Il faut, dans cette perspective, obliger la justice à s'intéresser à la personnalité des accusés, dès la garde à vue. La loi a prévu, dans la procédure de comparution immédiate, la nécessité d'une enquête rapide qui intervient normalement à la fin de la garde à vue et avant le passage en jugement. Cette enquête est censée fournir à la justice des informations permettant d'éviter l'incarcération et de favoriser des mesures alternatives. Un dispositif doit être mis en place permettant de faire procéder en urgence à des expertises psychiatriques avant tout passage en jugement de façon à permettre au tribunal des comparutions immédiates de disposer en quelques heures d'un avis médical sérieux. Par ailleurs la formation des magistrats et celle des avocats doit être beaucoup plus poussée de façon à les sensibiliser à ce genre de pathologie. Il ne s'agit pas de les transformer en expert mais de leur donner quelques notions de base, qui leur permettent de se poser sérieusement la question de la maladie mentale plutôt que de fermer les yeux.

Le problème des malades mentaux en prison est autant un problème de politique psychiatrique que de politique pénitentiaire ou judiciaire. C'est le sinistre de la psychiatrie de secteur public qui est en grande partie à l'origine de l'afflux de malades mentaux en prison. Le nombre de lits de psychiatrie est passé de 75.951 en 1989 à 43.173 en 2000 (-43%), environ 800 postes de psychiatre public temps plein sont vacants. Depuis 20 ans, 55.000 lits ont été supprimés en psychiatrie, sans que pour autant soient créées des structures alternatives.

Grâce à l'abbé Pierre, a été créé en 1999 un Haut Comité pour le logement des personnes défavorisées. Il est dommage que ses rapports annuels soient si peu lus. Voici ce qu'il indiquait, de façon extrêmement pertinente, dans celui qu'il remettait au président de la République en 2003 : *« alors que l'hôpital psychiatrique assurait un hébergement à long terme, il a vu son rôle évoluer vers des séjours dont la durée est limitée à la seule prise charge de la période de crise aiguë. Or les personnes qui quittent l'hôpital psychiatrique sont toujours des malades, elles nécessitent des soins permanents. C'est cette carence qui est à l'origine de la souffrance des familles qui les hébergent, mais aussi de leur forte représentation dans les prisons et parmi les sans abri ».* Il est vrai qu'à l'heure actuelle, l'une des préoccupations majeures des chefs de service de psychiatrie est de faire sortir au plus vite les malades hospitalisés, au détriment non seulement de l'humanité mais de l'efficacité des soins. Les mêmes chiffres alarmants que l'on trouve en prison, on les trouve, encore plus élevés, dans les structures de soins qui prennent en charge les sans abri. A Nanterre par exemple, à l'Hôpital Mas-Fourestier, qui recueille chaque jour (et chaque nuit) les sans abri de Paris, on compte 30% de psychotiques, 25% de troubles phobiques et 25% de dépressifs. La maladie mentale va vers la prison et la rue, faute d'être traitée dans des structures de soins adaptés.

Mettre fin à « la dérive psychiatrique et judiciaire »

La situation actuelle des prisons et les propositions du ministre-candidat nous renvoient à l'époque lointaine d'avant la naissance de la psychiatrie. On retrouve ce mélange moyenâgeux où les déviants, les désadaptés, les mauvais sujets, les « correctionnaires », les vérolés et les fous se retrouvaient enfermés dans des institutions fourre-tout dont l'objet principal était de protéger la société, les honnêtes gens, de tous les inconvénients de la marginalité. Un colloque européen posait encore il y a quelques années la question : « *La prison, l'asile du XXIe siècle ?* ». La réponse est désormais là, toute prête. La prison va devenir la solution de tous les problèmes, non seulement de délinquance mais de maladie mentale. Il faut impérativement redéfinir les champs respectifs de compétence de la justice et du système de soins. Répondre par la prison, c'est ne pas répondre. Ne pas répondre à la vraie question qui reste posée : comment et où soigner la maladie mentale ? Dominique Perben, l'ancien garde des Sceaux avait une analyse assez juste du problème, même s'il n'en tirait pas toutes les conséquences : « *on demande au système pénal de traiter un dossier qui n'est pas de sa compétence* »[16]. Car c'est bien de « compétence » qu'il s'agit. La psychiatrie doit avoir le courage de défendre son champ de compétence et revendiquer son rôle. La justice doit constater non seulement qu'elle est en dehors de son champ d'action mais qu'elle ne fait qu'aggraver la situation. Le rapport commun de L'IGAS et de l'inspection des services

---

[16] Audition devant la commission des finances de l'Assemblée Nationale, le 4 novembre 2004.

judiciaires disait clairement que « *la prison, en soi, est un facteur d'aggravation des troubles mentaux* ».

Il faut donc poser clairement cette règle que tous les professionnels compétents écrivent maintenant depuis plusieurs années : en dehors des personnes jugées dangereuses, et qui relèvent de structures spécialisées, les personnes condamnées présentant des troubles psychiatriques doivent être soignées en milieu psychiatrique. Il ne s'agit donc pas de créer des prisons-hôpitaux, mais des hôpitaux.

Nicolas Sarkozy a avancé cette idée de la prison-hôpital sans la moindre concertation avec les milieux professionnels concernés. L'idée a germé au hasard d'une visite électorale. Alors que le sujet est si grave et complexe le mot a été lâché sans que personne sache de quoi il retournait, Nicolas Sarkozy en premier. Ses évolutions ultérieures prouvent bien l'inconsistance d'un projet qui n'a d'autre ressort que médiatique : il consistait, dans un premier temps, à enfermer les détenus présentant des troubles psychiatriques, puis, dans un second, à isoler les délinquants sexuels. En quelques semaines le candidat est passé de 10 à 21 établissements sans qu'en on sache plus...

(1)

	1992	1993	1994	1995	1996	1997	1998
Total personnes mises en examen	68481	60067	68353	63942	64887	68593	65860
non lieu	7728	7112	8458	8990	9220	9736	9377
non lieu 122-1	493	370	350	340	309	190	211
% mis en examen avec non-lieu 122-1	0,72	0,61	0,51	0,46	0,43	0,27	0,32

	1999	2000	2001	2002	2003	2004
Total personnes mises en examen	63129	57826	51420	47655	47370	50076
non lieu	9423	7698	6483	5282	3902	3850
non lieu 122-1	286	287	299	285	233	203
% mis en examen avec non-lieu 122-1	0,33	0,50	0,58	0,60	0,49	0,40

Sources : *Répertoire de l'instruction, Annuaire statistique de la Justice*

CHAPITRE VIII

La chasse aux étrangers

La culture du résultat, l'étranger reconduit à la frontière comme unité statistique

Discours aux préfets le 9 septembre 2005 : « *lors de notre dernière rencontre, je vous ai fixé des objectifs chiffrés, en vous demandant de procéder, au minimum, à 23.000 éloignements d'étrangers en situation irrégulière cette année. Je constate qu'à la fin du mois d'août, 12849 étrangers avaient fait l'objet d'une mesure effective d'éloignement : sur huit mois, 56% des objectifs ont été atteints. Il vous reste donc cinq mois pour accentuer l'effort. J'observe d'ailleurs, que, d'une préfecture à l'autre, les résultats sont inégaux. Or, j'attends de tous une entière mobilisation. Et j'invite les préfets dont les résultats sont inférieurs à la moyenne à se rapprocher du Centre national de l'animation et des ressources (CNAR) pour bénéficier d'un appui opérationnel* ». Le ministre répétera plusieurs fois aux gendarmes et policiers : « *j'attends de tous une entière mobilisation. Là aussi, plus qu'une obligation de moyens, c'est une obligation de résultat qui vous est fixée* ».

Le respect de la dignité des étrangers

Il y a beaucoup de politiques d'immigration possibles. L'Europe en applique de très variées. En septembre 2006,

Nicolas Sarkozy avait tenté de convaincre ses collègues européens de signer un « pacte européen » pour étendre sa politique à nos partenaires et interdire les régularisations massives. Personne ne l'avait suivi. L'Espagne a régularisé en masse des centaines de milliers de sans papiers. Mais elle n'est pas la seule : l'Italie, l'Allemagne, le Portugal et bientôt les Pays Bas. Seule la France se singularise en organisant une vraie chasse à l'étranger. De ce côté-ci des Pyrénées, la politique de l'immigration s'oriente officiellement vers une *« immigration choisie »* : nous leur prenons les meilleurs, nous leur laissons les plus pauvres. Ce sont évidemment les pays riches qui sont maîtres du choix. À l'échelle internationale, on retrouve la philosophie ordinaire de cette droite du libéralisme extrême : aider ceux qui s'en sont déjà sortis, ne plus se préoccuper des autres. Politique d'une injustice criante et qui accroît avec impudeur des inégalités pourtant colossales. Mais il appartient aux citoyens qui disposent des urnes de dire si cette politique leur convient ou non.

Quel que soit le gouvernement en place, quelle que soit sa façon de gérer l'immigration, une règle élémentaire doit s'appliquer : respecter la dignité de l'étranger, sujet de droit, bénéficiaire, lui aussi, des droits de l'homme qui ne dépendent ni de la couleur de la peau, ni du pays d'origine, ni de la validité de ses papiers. Toute politique d'immigration comporte aujourd'hui un aspect répressif : il ne suffit pas de dire qu'un état est en droit de refuser des étrangers sur son sol, encore faut-il se pencher sur la façon dont il va les refouler. Les « éloigner », dit-on pudiquement dans le beau langage de l'administration. Là, tout est possible : toutes sortes de procédures administratives ou judiciaires sont utilisées dans le monde, plus ou moins respectueuses des droits élémentaires de l'individu. Mais, au-delà de l'application de ces règles, une démocratie se reconnaît au respect de la dignité de l'étranger. Or aujourd'hui, en France, cette dignité est bafouée et elle risque, demain, de l'être davantage encore.

La politique des quotas et l'organisation de la chasse

Nous étions donc le 9 septembre 2005. Nicolas Sarkozy faisait ses comptes. Colère : il lui manque 2484 étrangers. Il refait ses calculs. Objectif : 23.000 pour l'année, donc 1916 par mois. Fin août police et gendarmerie auraient déjà dû lui trouver (8 mois) x (1916 étrangers) = 15333 étrangers. Il n'y en avait que 12849 ! Il fallait donc d'ici la fin de l'année mettre les bouchées doubles et multiplier les interpellations massives. Les instructions fermes étaient donc données en ce sens, aux préfets qui, évidemment, allaient être relayés pas ces magistrats que sont les procureurs de la République. On aimerait ne pas avoir à insister sur le sordide de cette comptabilité et sur l'acharnement inhumain qu'elle traduit. Mais l'image de fermeté du prochain candidat est à ce prix : il faut qu'il puisse, devant ses électeurs, soutenir qu'il a été le premier à mener une vraie politique intransigeante et qu'il gagne cet électorat de l'extrême droite pour qui l'étranger représente le mal absolu.

Pour 2006, l'objectif par le ministre a été fixé à 25.000 reconduites à la frontière. Tout a été organisé pour arriver coûte que coûte à ce chiffre. Femmes, élèves, enfants, tout est bon. Les procureurs de la République se plient sans difficulté à ces demandes et apposent leur signature là où il le faut. Les parquets sont totalement instrumentalisés par la politique de sécurité du candidat et l'aident à fournir des chiffres en bon ordre, conformes à ses promesses. Chaque jour, des réquisitions judiciaires sont signées qui permettent à la police de procéder en toute légalité à des contrôles d'identité dans des quartiers délimités par les magistrats.

La police s'est mise en ordre de bataille pour exécuter les ordres et respecter les quotas prévus. « *Deux fois par semaine on est réquisitionné pour rafler de l'immigré en situation irrégulière »*, raconte un policier à un journaliste du Nouvel Observateur fin 2006. « *Les ordres c'est de faire du chiffre ».* Un autre, de la police de l'air et des frontières : « *chaque fin de mois, quand on a pris du retard sur les quotas, le préfet nous rappelle à l'ordre. Si notre centre de rétention est déjà plein, on doit alors trouver des places libres ailleurs. Et, croyez-moi, les gars commencent à être fatigués d'avaler les kilomètres juste pour convoyer un pauvre maçon sénégalais parfois à l'autre bout de la France ».*

Tout est bon pour arrêter de l'étranger. Les procédés les plus ignobles qui, il faut le dire, font honte à une démocratie. Mardi 30 janvier 2007, « opération de routine » selon la préfecture de police de Paris. Le bilan est bon, 21 personnes interpellées. Effectivement ce soir là, des étrangers viennent au « Resto du cœur », Place de la République. Les héritiers de Coluche distribuent 400 repas. Comme tous les mardis, jeudis ou samedis. Pauvres parmi les pauvres, ils viennent là pour pouvoir manger. La police les attend sur autorisation du procureur qui a permis des contrôles dans le périmètre de la Place de la République et ses alentours de 19 à 23H. L'étranger pauvre qui a faim arrive par le métro. Le taux d'élucidation de la police est à son zénith. Les sans papiers partent dans les fourgons qui attendaient non loin de là pour aller remplir les centres de rétention. Les statistiques seront bonnes ce mardi-là.

La mobilisation des Français pour protéger les enfants, les reculades du ministre

Nicolas Sarkozy ne s'attendait pas à la réaction des citoyens Français pour défendre ces étrangers. Cette mobilisation est partie du terrain, spontanément. Des réseaux se sont créés peu à peu. Réseau Education Sans Frontière est le plus connu d'entre eux car l'indignation a été la plus forte au sein des écoles. Les mouvements de protestation sont parfois nés spontanément - des écoles se sont mises en grève du jour au lendemain - exprimant l'indignation des parents d'élèves ou des élèves eux-mêmes qui ne comprenaient pas pourquoi des enfants ou des adolescents qui suivaient une scolarité normale étaient soudainement arrachés à leur école, leur amis, leur milieu, leurs proches pour être expédiés manu militari dans des pays où, le plus souvent, ils n'avaient même plus leur place. En France, on a vu la police arrêter les jeunes dans les écoles ou à proximité. Il a fallu, le 31 octobre 2005, une circulaire du ministre pour calmer ce zèle. Il était demandé à la police *« d'éviter des démarches dans l'enceinte scolaire ou ses abords »* et les procédures étaient suspendues jusqu'à la fin de l'année scolaire. La mobilisation massive face à ces reconduites à la frontière a conduit en juin 2006 le ministre de l'intérieur à reculer un peu. Très peu, car au même moment, il faisait voter un texte extrêmement restrictif sur l'immigration qui deviendra la loi du 24 juillet 2006. Le 13 juin donc, il a signé une nouvelle circulaire prévoyant le régularisation de parents sans papiers dont l'enfant était scolarisé depuis septembre 2005. Environ 33000 demandes ont été déposées par des familles qui pensaient répondre aux critères de la circulaire, alors que le ministre annonçait clairement dès le mois de juin - les préfectures ne faisaient que commencer leur examen - qu'il n'irait pas au-delà de 6 à 7000 régularisations. Là encore les chiffres ont miraculeusement donné raison au ministre : 6924 adultes sans papiers ont été régularisés !

La politique inhumaine continue

Les reconduites à la frontière ont continué. Et nombre de familles qui s'étaient imprudemment signalées ont été inquiétées. Une trentaine de personnes a été expulsée dans le cadre de la circulaire Sarkozy depuis la rentrée 2006 : jeunes majeurs, parents d'enfants scolarisés, familles entières qui ne répondaient pas aux critères retenus par le ministre. Tous ces cas sont consternants. La liste est interminable.

Octobre 2006, Sulizène Monteiro, étudiante au Lycée Valmy à Colombes, qui vivait depuis 2003 avec sa mère et son petit frère, était arrêtée et placée au centre de rétention de Paris pour être reconduite au Cap Vert. Elle avait obtenu son CAP « entretien textile » en juin 2006 et devait reprendre ses études pour obtenir son CAP. Une pétition recueillait plus de 3000 signatures. Syndicats d'enseignants, élus, associations se mobilisaient. Ses camarades de lycée se mettaient en grève, le mouvement s'étendait à d'autres établissements scolaires des Hauts de Seine, jusqu'à l'université de Nanterre. Rien n'y faisait. Au bout de quelques jours, Sulizène était reconduite au Cap Vert. Pour déjouer les plans de ses camarades qui s'étaient précipités à l'aéroport d'Orly, Nicolas Sarkozy la faisait partir de l'aéroport du Bourget dans un avion spécial affrété par le ministre de l'intérieur. Elle n'avait pour tout parent dans son pays que sa grand-mère âgée de 83 ans. Les protestations n'ont cependant pas faibli. Des manifestations se sont succédées et grâce à cette pression permanente, Sulizène a pu revenir en France en février 2007 avec un visa d'étudiante. Mais combien d'autres n'ont pu bénéficier d'un tel soutien et ont dû rester dans leur pays ?

Mars 2007, en pleine campagne électorale, dans le 11ème arrondissement à Paris, les policiers interpellent un sans papiers, un grand-père chinois, alors qu'il attend son petit-fils qui va sortir de l'école de la rue Rampal. Les habitants du quartier et des membres de RESF tentent de s'interposer. Le ton monte. La directrice de l'école maternelle s'interpose. Les forces de l'ordre utilisent des gaz lacrymogènes et des matraques. Ces faits se passent devant les enfants, les parents, à 16H 30, à l'heure de sortie des écoles. La directrice sera placée en garde à vue pendant sept heures comme un malfaiteur pour « outrages et dégradations de biens publics en réunion » !

Ces étrangers sans papiers s'entassent donc dans des centres de rétention surchargés. Ils arrivent en rangs serrés dans les tribunaux où ils sont présentés à des juges des libertés et de la détention qui ont à apprécier de leur maintien dans ces centres avec une marge de manoeuvre très étroite. Très peu sont remis en liberté (assignés à résidence en fait). Beaucoup de procédures sont annulées car il arrive très souvent que les policiers ou les préfectures, pressés par le temps, tout à leur hâte de respecter les quotas fixés par leur ministre, en oublient de respecter les règles élémentaires de la procédure et bâclent leurs dossiers. Mais dans la plupart des cas le juge doit se contenter de maintenir dans les centres les étrangers arrêtés, le temps que l'administration obtienne l'accord du pays de retour et trouve un avion. Les juges voient alors défiler cette humanité qu'ils ignorent ordinairement : cette population de clandestins qui se terre dans notre pays, tente de survivre et de travailler comme elle peut, avec les moyens du bord. Très peu de délinquants, pas plus que dans la population ordinaire. Si ce n'est que pour trouver du travail, ou posséder un compte bancaire, ils se sont parfois procuré de faux papiers. On demande au juge de ne pas avoir d'état d'âme. Un africain dont le père s'était battu pour la France ? Peu importe. Un homme qui vient d'être père depuis trois mois et s'occupe de son bébé que la mère tient dans ses bras dans le couloir ? Peu importe. Un mari exemplaire qui fait vivre femme et enfants en travaillant au noir ? Peu importe. Un étranger qui est en train de régulariser sa situation pour pouvoir faire soigner une grave maladie ? Peu importe. Un étranger venu en France pour s'occuper de son père gravement malade ? Peu importe.

Un effet désastreux : l'atteinte au droit d'asile

Les résultats de la politique d'immigration de Nicolas Sarkozy sont à la hauteur de la formidable pression qu'il a exercé sur les services de police et de gendarmerie. Les reconduites à la frontière ont bien atteint l'objectif fixé, mais l'une des conséquences de cette politique est le recul dramatique des demandes d'asile.

« Premier résultat : la procédure de demande d'asile n'est plus une "fabrique à clandestins". La politique de fermeté paye. La lutte contre les détournements a permis une chute spectaculaire du nombre des demandes d'asile adressées à la France »

(Conférence de presse du 11 janvier 2007).

L'asile est un droit constitutionnel, un des plus anciens et un des plus sacrés qui soit. La France a une longue et belle tradition en la matière et elle peut en être fière. Elle, qui est encore pour quelque temps considérée comme la patrie des droits de l'homme, a toujours - en dehors de la période vichyssoise - mis en oeuvre une politique généreuse pour ces personnes qui sont victimes de persécution dans leur patrie. Il est inutile de rappeler que l'asile est lié aux turbulences politiques, aux conflits et aux guerres qui continuent d'exister dans le monde entier, plus fortement que jamais. L'honneur de la communauté internationale et des pays démocratiques est d'assurer à tous ceux qui sont persécutés pour ces raisons, le refuge, l'aide et la protection.

Nicolas Sarkozy se fait, lui, un titre de gloire d'avoir fortement fait baisser en France le nombre de demandeurs d'asile. Il avance des chiffres qui le font jubiler mais qui devraient consterner n'importe quel démocrate. Son argument est simple : parmi les demandeurs d'asile, il y a beaucoup de menteurs ou de personnes qui ne correspondent pas aux critères de la loi. La procédure d'asile est avant tout, pour lui, une « fabrique à clandestins ». Cette conception est consternante. Si l'on examine rapidement la façon sont traitées les demandes d'asile en France, on constate que l'OFPRA développe une politique de plus en plus défavorable aux demandeurs : le taux d'admission ne cesse de baisser (de 11 à 8% de 2000 à 2005). Mais l'organisme de recours (la commission de recours des réfugiés), qui, lui, est indépendant, donne de plus en plus souvent tort à l'OFPRA. C'est grâce à cette commission que les admissions sont en hausse. En 2005, l'OFPRA a accordé 4184 asiles, alors que la commission de recours en accordait 9586, plus du double ! Tous ces chiffres ont encore baissé l'année dernière : l'OFPRA a baissé le nombre d'admissions au statut de plus du tiers (38,3%). Il reste que le nombre de demandeurs d'asile a diminué considérablement depuis 2004, passant de 57616 à 34852 : - 22764, soit - 39,5%.

	2000	2001	2002	2003	2004	2005	2006
Demandes d'asile	38747	47291	51087	52204	50547	42578	26269
Avec demandes de réexamen	+1020 39767	+1909 = 49200	+1790 52877	+2225 =54429	+7069 =57616	+9488 =52066	0
Décisions rendues	28763	40779	50206	67030	79164	64588	47634
Asile accordé en 1ère instance	11,3% estimé	5049 12,4%	6326 12,6%	6526 9,8%	6358 9,3%	4184 8,2%	2929 6,1%
Asile global *	5185 17,1%	7323 18%	8495 16,9%	9790 14,8%	11292 16,6%	13370 26,9%	7354 15,4%
Déboutés		25981	29194	34061	39613	55678	

comprenant les asiles accordés du fait de la commission de recours.
Source : OFPRA

La politique de Nicolas Sarkozy est dramatique pour le droit d'asile parce qu'elle interdit de fait à des personnes susceptibles de demander cette protection de le faire et qu'elle viole un principe inscrit dans notre constitution. La commission nationale consultative des droits de l'homme en novembre 2006 rappelait fermement que les candidats au droit d'asile ne devaient pas supporter les conséquences de la nouvelle politique d'immigration, telle qu'elle résulte notamment de lois des 26 novembre et 10 décembre 2003. Le président de la commission indiquait « *qu'un nombre croissant de déboutés du droit d'asile n'ont pas bénéficié d'un examen complet et équitable de leur demande de protection* ». Sont dénoncés notamment

- une politique de visas de plus en plus restrictive

- l'utilisation de procédures expéditives, dites « prioritaires », dans lesquelles le demandeur n'est même pas entendu, son cas étant jugé sur dossier (1/4 des procédures)

- l'obligation faite dorénavant de présenter la demande d'asile en français

- l'utilisation de la notion de « pays sûr » qui permet de rejeter la demande d'admission sur le territoire français si le demandeur vient d'un de ces pays.

Inefficacité et mensonges de la politique spectacle : l'exemplaire affaire de Sangatte

Le pire, dans cette politique, est qu'elle est absolument inefficace. La multiplication des contrôles d'identité au faciès, cette traque sans relâche des étrangers, cette politique forcenée de reconduite à la frontière est impuissante à maîtriser le flux migratoire. Elle ne peut conduire qu'à l'échec. Tout simplement parce que le flux de l'immigration est intarissable, la misère des pays d'émigration n'étant pas près de reculer, pas plus que les guerres ou les persécutions. Personne ne peut ignorer ce spectacle ordinaire de bateaux chavirés avec des centaines d'immigrés morts noyés, ou ceux qui arrivent par miracle, bondés, sur les côtes italiennes ou espagnoles et où l'on compte les morts, ces camions de passeurs où meurent étouffés des centaines de clandestins, ces hommes déchirés sur des barbelés installés à la hâte sur nos frontières les plus tentantes. Chacun voit bien que ces hommes et ces femmes sont prêts à risquer la mort. Quelle loi les en empêchera ? Combien de centres de rétention faudra-t-il construire ? Combien de compagnies d'aviation faudra-t-il réquisitionner ?

L'affaire de Sangatte en est l'illustration caricaturale de cette impuissance et de ce mensonge. Chacun se souvient de ce centre de Sangatte dans le Pas de Calais. Le nouveau ministre voulait marquer sa différence avec le précédent gouvernement socialiste. Il se rend trois fois sur place, avec force caméras, promettant : « il n'y aura plus de problèmes d'ici quelques semaines ». Novembre 2002, le Centre est fermé. Tout est réglé. « *Il y avait 3000 personnes dans un hangar*, expliquera Nicolas Sarkozy. *Peu de ministres y sont allés avant moi, dans le Calaisis. On ne peux pas dire que je ne m'en suis pas occupé. J'ai fermé Sangatte, j'ai divisé par dix le nombre de migrants, j'ai multiplié par deux les places dans les centres d'hébergement* ». Mais aujourd'hui, rien n'a changé. Les réfugiés sont toujours là. Plus que jamais. Le centre n'existe plus mais aux alentours de Calais se pressent des réfugiés qui continuent d'affluer et errent dans les rues. Les actes de délinquance, vols, agressions, dégradations, se multiplient. Les associations humanitaires se mobilisent pour aider ces étrangers, mais on les poursuit devant le tribunal correctionnel : ils sont coupables d'avoir aidé des étrangers en situation irrégulière sur le territoire français ! Le procureur de la République de Boulogne est obligé de reconnaître qu'il s'agit d'une « activité illégale, mais non répréhensible » et le tribunal, bien embarrassé, prononce une simple dispense de peine.

Mgr Jean-Paul Jeager écrit à Nicolas Sarkozy fin 2005, peu avant Noël : « *des hommes, quelques femmes, peut-être même de rares enfants, sont là ! La France, si soucieuse de prôner les grands principes humanitaires, a-t-elle le droit de refuser de les voir ? Est-il normal que la collectivité nationale se voile ainsi la face et abandonne une partie de ses responsabilités à des équipes de bénévoles épuisées par trois années de service ininterrompu et qui récoltent plus de tracasseries que de reconnaissance ?* »

Quelles solutions ?

Il n'est évidemment pas très payant, en période électorale, nous dit-on, de tenir un discours équilibré sur l'immigration. Mais, en la matière, il ne s'agit pas de chercher des voix ou d'épouser une opinion publique d'ailleurs très partagée. Il faut à la fois mener une politique réaliste et efficace et mettre en oeuvre les valeurs de base de l'humanité, deux stratégies qui conduisent aux mêmes solutions.

Il faut d'abord maintenir le discours qui est fondamentalement celui de la France, sans nier aucunement les problèmes réels de l'immigration clandestine aujourd'hui : la France est un pays ouvert au monde, elle est une terre de diversité et de tolérance, une terre d'immigration et d'asile. Ce sont les étrangers qui ont contribué à faire de la France ce qu'elle est et ce sont eux qui continueront à le faire, apportant à notre pays une vitalité et une richesse incomparable. L'immigration clandestine est suscitée par la misère, ses premières victimes étant les immigrés eux-mêmes qui vivent dans des conditions inhumaines et indignes de notre pays (tels sont d'ailleurs les premiers mots d'un rapport du Sénat français déposé en avril 2006 sur le sujet). Elle est aussi source d'une vraie déstabilisation sociale en favorisant le travail clandestin, la délinquance, en générant de la violence et des tentions sociales. L'état doit donc se préoccuper fortement de cette immigration mais il doit le faire avec autant de mesure que d'humanité, d'intelligence que de détermination. Les gesticulations policières d'aujourd'hui ne font que renforcer la masse des clandestins, habituer les policiers à un travail indigne d'eux et multiplier tous les risques de cette clandestinité. Même si le propos dépasse de loin notre ouvrage, on en peut éviter de dire que la seule solution réelle et durable susceptible de freiner l'immigration clandestine est d'atténuer la pauvreté des pays fuis par les immigrés. Il ne s'agit pas d'ouvrir les frontières à tous mais de gérer l'immigration sans drame, avec humanité et tolérance. Arrêter les effets de manche en sachant que toutes ces rodomontades actuelles ne servent à rien. Comme le proposent beaucoup de spécialistes il serait plus intelligent, plus réaliste et efficace de délivrer régulièrement des titres de séjour, de l'ordre de 20 à 30.000 par an, plutôt que d'obliger régulièrement la gauche à procéder à des régularisations qui sont la conséquence d'une politique d'immobilisme de la droite. Cette politique que Nicolas Sarkozy veut amplifier, s'il est élu, par la création d'un grand ministère de l'immigration et de l'identité nationale uniquement dédié à une chasse encore plus implacable et inhumaine contre l'immigration clandestine, conduit à un peu plus dégrader l'image de la France. Elle aboutit surtout à faire de notre pays une immense machine répressive. Refusant, par parti pris idéologique, de voir tout le bénéfice que peut nous apporter la population immigrée, Nicolas Sarkozy propose de continuer à mobiliser un appareil étatique extrêmement coûteux pour combattre des illégalités qu'il crée lui-même.

CHAPITRE IX

L'instrumentalisation des victimes

L'instrumentalisation des victimes

« *Les droits de l'homme, pour moi, ce sont avant tout les droits de la victime* »

(3 juillet 2006).

« *Vous vous souvenez de Mme Cremel ? Cette jeune femme de 42 ans assassinée à coup de bâtons sur la tête, parce que, pour 20 euros en poche, elle allait faire son jogging. Je vais à l'enterrement, je suis à côté de son mari, admirable de dignité et de sa fille de 11 ans...* »

(A vous de juger, France 2, 30 novembre 2006).

« *Comment on s'assure qu'on n'ait plus de situation comme celle que nous avons connue avec Monsieur Fofana, celui qui est suspecté d'être l'assassin du petit Ilan qu'on a retrouvé avec le corps recouvert de 80% de torture ? Comment on peut arriver à avoir un comportement aussi barbare ? Est-ce qu'il ne faut pas s'occuper de la détection précoce chez les enfants des troubles du comportement pour éviter ça ?* »

(Europe 1, 11 avril 2006).

« Je veux que les victimes soient mieux considérées dans la procédure judiciaire. Il existe un juge pour les condamnés, c'est le juge de l'application des peines. Il faut créer un juge pour les victimes, chargé de veiller tout d'abord à la pleine et entière exécution de la condamnation. 18 mois après leur prononcé, 45% des peines de prison ferme ne sont pas exécutées. Ce juge des victimes aurait également pour tâche de suivre la victime, de l'assister dans son processus de reconstruction, voire parfois de réinsertion dans la vie normale. Ce qu'on fait pour les auteurs, c'est bien le moins que de le faire aussi pour les victimes ».

L'exhibition des victimes

Un des premiers droits des victimes est qu'on respecte leur dignité. Celle de leur souffrance qui n'appartient qu'à elles. Pendant longtemps elles n'ont appartenu à personne, noyées d'indifférence. On peut se demander parfois si elles ont beaucoup gagné à se retrouver soudain exhibées sur la place publique, portées en étendard de combats de toute sorte, décorant les programmes et les professions de foi. L'instrumentalisation des victimes a été portée à son comble par Nicolas Sarkozy. Passe qu'une affaire soit évoquée, passe qu'un nom soit cité. Mais lorsque la référence devient systématique, que le sordide de l'affaire est étalé régulièrement, comment ne pas ressentir, pour le moins un malaise ? Combien de fois n'a-t-on entendu le ministre-candidat évoquer dans le détail le meurtre de Nelly Cremel (utilisé pour attaquer le laxisme des magistrats ou justifier sa politique face aux récidivistes), ou celui de Mama Galédou, brûlée dans un autobus à Marseille (utilisé pour justifier ses propositions répressives face aux mineurs) ou, celui d'Ilan Halimi (découvert agonisant après avoir été torturé) utilisé d'une façon totalement absurde pour justifier la détection précoce des troubles du comportement de l'enfant ! Le 10 février 2007 il recevait Place Beauvau des institutrices qui s'étaient fait agresser et dont les coupables avaient été sanctionnés par des peines de prison ferme (7 mois d'emprisonnement ferme pour l'un, 6 mois dont 5 avec sursis pour l'autre) il en profitait - c'est alors le candidat qui parlait ? - pour marteler « sa ferme volonté d'imposer des peines plancher » (communiqué du ministère).

Comment ne pas être choqué cette exploitation de la souffrance d'autrui à des fins de propagande ? Qu'un ministre de l'intérieur aille aux obsèques d'une victime d'un crime de droit commun ? Pourquoi pas, dès lors qu'il le fait avec recueillement et discrétion. Mais le faire ostensiblement devant les caméras ! Qu'il en fasse état ensuite dans des discours électoraux, est simplement indécent. Heureusement toutes les victimes ne se plient pas à ce cérémonial médiatique et électoral et infligent quelques rebuffades au ministre candidat. Ainsi lorsque les parents des jeunes de Clichy sous Bois électrocutés en octobre 2005 refusent de se rendre au ministère de l'intérieur. Siyakah Traoré, frère d'un des deux jeunes électrocutés dans un transformateur à Clichy sous bois explique son refus par « l'incompétence » de Nicolas Sarkozy, préférant obtenir un rendez-vous chez le premier ministre qui était alors son concurrent direct.

Il était prévisible que le candidat déclaré allait poursuivre sur la lancée du ministre. On l'a vu ainsi le 15 avril 2007 se rendre à Aix en Provence pour rencontrer la mère d'une jeune femme assassinée à coups de pierre fin 2004. Il profitait ainsi du procès qui venait d'avoir lieu et qui avait abouti à la condamnation de deux mineurs à 23 ans de réclusion criminelle. Le hasard faisait qu'une caméra se trouvait là pour filmer le candidat assis aux côtés de cette mère, lui tenant la main. Malgré son émotion Nicolas Sarkozy arrivait à confier aux journalistes : *« j'ai rencontré la maman de Ghofrane parce que son histoire m'a bouleversé et parce qu'elle avait souhaité me rencontrer ».* Il ajoutait curieusement : « *moi, je dis que ce n'est pas parce que le barbare a 17 ans qu'il ne doit pas être condamné* » alors que personne n'avait jamais songé un seul instant en France que ces accusés mineurs pourraient échapper à une lourde sanction. Cette malheureuse mère était, elle aussi, mise à contribution pour soutenir les idées du candidat : « *la maman de Ghofrane m'a demandé, si j'étais élu, de faire voter une loi sur les multirécidivistes* ».

Feu le secrétariat d'Etat des victimes

Les motifs de cet engouement pour les victimes sont aisées à comprendre. Elles ont été très longtemps les grandes oubliées, non seulement de la justice mais de la société dans son entier. Leur réhabilitation est - sur l'échelle de l'histoire - très récente et l'analyse de ce retour en force a déjà fait l'objet de plusieurs analyses pertinentes. La victime a l'évidence de sa souffrance, indiscutable ; elle est devenue une référence sûre. L'émotion qu'elle suscite peut être comprise et partagée par tous et elle suscite la compassion et le respect. Chacun peut s'identifier à elle. Cette nouvelle légitimité de la victime est une des rares qui fassent presque l'unanimité dans une société dont les valeurs et les repères idéologiques sont devenus plus que flous voire invisibles.

Pour capter cette sympathie, le gouvernement Raffarin III avait, le 30 juin 2004, créé un secrétariat d'Etat aux victimes. Nicole Guedj, nommée à ce poste, célébrait l'événement avec une certaine solennité. Cette création, pour elle, s'inscrivait « *à l'évidence dans la culture française de promotion, de respect et de sauvegarde des droits de l'homme. C'est un geste éminemment politique et républicain* ». La gauche, elle, y voyait « *un vrai gadget de démagogie absolue* » (Christine Lazerges, député PS, rapporteur de la loi de juin 2000, renforçant la présomption d'innocence et les droits des victimes) rappelant que Robert Badinter avait développé le réseau d'associations d'aide aux victimes que l'on trouve aujourd'hui dans tous les tribunaux et qui apportent une aide indispensable. Nicole Guedj et son secrétariat d'Etat n'ont pas résisté plus d'un an. Ils ont sombré lors du remaniement ministériel suivant, le 2 juin 2005. Les terribles batailles qui ont alors marqué la composition d'un gouvernement où il fallait assurer un équilibre plus que délicat entre les partisans de Nicolas Sarkozy et l'équipe emmenée par Dominique de Villepin, ont eu raison du *« geste politique et républicain »*. Le bilan de 11 mois de fonctionnement était plus que modeste. Au moins ce secrétariat avait-il le mérite d'être rattaché à son tuteur normal : le ministre de la justice. Il a fallu attendre quatre mois - octobre 2005 -, après de longues promesses pour qu'une simple délégation aux victimes soit créée, annexée au ministère de l'intérieur.

Le 11 octobre 2005, Nicolas Sarkozy a installé solennellement cette délégation. Son programme ? Exactement celui du ministre de la police, à quelques virgules près. Première et en fait unique proposition : lutter contre la récidive avec le catalogue habituel de mesures répressives que l'on connaît. Seconde mesure : resserrer les liens entre le ministère de l'intérieur et les associations de victimes et, sur le terrain, être plus attentif à l'accueil des victimes ! Au terme d'un long discours, on cherche désespérément une mesure concrète. Si le secrétariat d'Etat aux victimes avait pu être qualifié de « gadget », la délégation aux victimes, elle, se rapproche du néant. À l'image des idées sur lesquelles elle s'appuie, car la base de l'action en faveur des victimes ne peut être la répression. À ce tarif là, on pourrait dire que le code pénal est un immense programme en faveur des victimes, que les agents de police sont les meilleurs thérapeutes et que la prison la meilleure arme pour soigner les victimes. L'allongement des peines de prison n'a jamais permis la « reconstruction » d'une victime, pas davantage que la création d'un nouveau fichier.

Lors de son discours prononcé le 3 juillet 2006 à l'occasion d'une rencontre avec les associations d'aide aux victimes et de victime, le ministre avait bien du mal à indiquer ce qu'avait accompli faire cette délégation. Le bilan était vite tiré. Une charte d'accueil du public a été élaborée ! Mais elle date de 2004. Des correspondants départementaux ont été créés. Belle affaire !

Le juge des victimes, les victimes-juges : la confusion

Si le bilan du ministre se lit rapidement, les propositions du candidat, celles qu'il n'a pas eu le temps de mettre en oeuvre depuis cinq ans, méritent l'attention. Nicolas Sarkozy propose donc un « juge des victimes ». Le parallélisme qu'il établit alors entre le juge « pour » les condamnés (le juge de l'application des peines, le « JAP ») et le juge « pour » les victimes qu'il propose est une magnifique trompe l'oeil. Le JAP n'est pas un juge « pour » le délinquant : s'il s'occupe de ce condamné, ce n'est pas en raison d'une sympathie particulière pour l'individu mais simplement parce qu'il surveille une « peine ». Il le fait parce qu'il cherche à éviter une récidive. L'action de la justice en faveur de la victime doit s'inscrire dans une démarche nécessairement moins intrusive. Elle s'est longtemps cantonnée à la simple réparation : on se contentait de l'indemniser. Le système actuel est d'ailleurs assez performant puisque pour les infractions les plus graves, un fonds de garantie prend directement en charge cette réparation sur décision d'une commission judiciaire (la « CIVI », commission d'indemnisation des victimes d'infractions). L'autre type d'action, plus récente, est l'accompagnement de la victime pendant le temps du procès pénal. Elle est le fait, aujourd'hui, d'associations d'aide aux victimes, financées essentiellement par l'Etat. Faut-il aller plus loin et demander à la justice de s'occuper de la « reconstruction » de la victime ? Le voudrait-on, que les moyens ordinaires de la justice l'en empêcheraient. Pourquoi promettre ce qui ne peut être tenu ? Mais l'essentiel n'est pas là. En aurait-elle les moyens, la justice n'a pas à ce mêler de cette tâche. Essayer d'associer les juges à la reconstruction de la victime, c'est, une fois de plus, se tromper de registre et confondre les genres. Le juge doit essayer de comprendre et d'évaluer, mais ce n'est pas à lui de s'occuper de soins, ou de thérapie, sauf, exceptionnellement, lorsque des exigences impérieuses l'imposent comme en matière de délinquance sexuelle et encore sous de strictes conditions.

Nicolas Sarkozy propose par ailleurs de mettre des représentants des victimes dès la première instance dans le tribunal qui statue sur la libération conditionnelle. Autrement dit, le juge de l'application des peines se verrait adjoindre un représentant d'association de victime. Aujourd'hui déjà un responsable d'une association d'aide aux victimes est présent dans la juridiction d'appel qui statue en matière de libération conditionnelle (article 712-13 du code de procédure pénale). Il siège aux côtés de trois magistrats et d'un responsable d'une association de réinsertion des condamnés. Cet équilibre est judicieux. Pourquoi aller au-delà, en essayant de mettre la victime dans une place où elle n'a pas à être ? Le fait d'avoir été victime ne prédispose personne à juger. La justice est un équilibre entre des intérêts contradictoires, entre ceux de la personne soupçonnée et ceux de la personne qui porte plainte. Tout doit être fait pour que le principe de « l'égalité des armes » qui est généralement conçu comme une égalité entre l'accusation et l'accusé concerne également la victime. Mais pour autant la victime ne doit pas devenir juge. *« J'estime que la situation de victime ne saurait s'arrêter à la fin du procès »*, dit Nicolas Sarkozy alors qu'en réalité son intérêt est de quitter au plus vite la scène de la justice sur laquelle elle a été conduite contre son gré.

CHAPITRE X

Une société sous très haute surveillance

Surveillés très tôt : le fichage des bambins turbulents

« *Ce n'est pas quand un adolescent de 15 ans est devenu un délinquant multirécidiviste qu'il faut s'occuper de son cas. Il faut donc agir le plus tôt possible, en direction des enfants* »
(La Gazette des Communes, 21 novembre 2005).

« *Il faut agir plus tôt, détecter chez les plus jeunes les problèmes de violence. Dès la maternelle, dès le primaire, il faut mettre des équipes pour prendre en charge ces problèmes. - Dès la maternelle ? – Oui !* »
(Le Parisien, 2 décembre 2005).

Nicolas Sarkozy s'est exprimé souvent sur son souhait de remonter le plus tôt possible dans l'enfance pour mettre en place son système de prévention et des méthodes de surveillance. Mais c'est dans l'avant projet de loi sur la prévention de la délinquance, tel qu'il avait été concocté fin 2005 par ses services au ministère de l'intérieur, (avant qu'il ne soit édulcoré par le gouvernement), que l'on trouve la position exacte du candidat. « *Il est acquis,* peut-on lire, *que plus tôt les enfants ayant des troubles seront pris en charge, moins ils développeront à l'adolescence des comportements auto-destructeurs ou agressifs pouvant conduire à la délinquance »*. Tout un chapitre est donc consacré au « *dépistage précoce des enfants présentant des troubles du comportement et des signes de souffrance psychique »*. Il est proposé notamment la création d'un « *carnet de comportement »* censé répertorier et garder la trace de ces signes précoces de la naissance à la vie adulte.

Cette intéressante proposition s'appuyait sur un rapport collectif de l'INSERM publié en septembre 2005. Il affirmait qu'en dépistant précocement les enfants présentant des troubles des conduites et en les traitant tôt, il était possible de diminuer beaucoup les risques de délinquance à l'adolescence. Il préconisait « *le repérage des perturbations du comportement dès la crèche et l'école maternelle... Des traits de caractère, tels que la froideur affective, la tendance à la manipulation, le cynisme, l'agressivité... l'indocilité, l'impulsivité, l'indice de moral bas »* étaient présentés comme « *associés à la précocité des agressions »*. Les « *colères et actes de désobéissance »* étaient considérés comme « *prédictifs »* de la délinquance. « *Le groupe d'experts recommande de favoriser les interventions dans les familles à risque, en particulier chez les jeunes mères primipares à faible niveau d'éducation et en situation de précarité »*. Il était également recommandé « *un examen de santé vers 36 mois : à cet âge, on peut faire un premier repérage d'un tempérament difficile, d'une hyperactivité et des premiers symptômes du trouble des conduites »*.

Le 8 novembre 2005, Nicolas Sarkozy recevait un rapport sur « la prévention de la délinquance » rédigé par Jacques-Alain Benisti, député UMP, qui reprenait sous un angle juridique les conclusions du rapport de l'INSERM. Ce « rapport Benisti » proposait de « *repérer le plus tôt possible les difficultés des jeunes au travers de la Protection Maternelle et Infantile (PMI) et ce dès la maternelle »* et « *en liaison avec la médecine scolaire, au-delà de 6 ans et jusqu'à la majorité ».* Il était également préconisé *« d'initier le corps enseignant aux disciplines permettant de détecter les troubles du comportement de l'enfant, avant de passer le relais aux professionnels ».*

« Malhonnête et dangereux »

Il suffit d'être père ou mère pour comprendre l'ineptie de telles propositions. Il suffit même d'être adulte et de se rappeler l'enfant qu'on a été ou d'imaginer l'adulte qu'on aurait pu être sans le regard bienveillant et tolérant de nos parents ou de nos enseignants. Le juge peut aussi s'étonner de cette vision très partielle, et même très partiale de la délinquance : comment peut-on imaginer que la délinquance n'est qu'un long continuum qui commence à l'enfance et peut se poursuivre sans relâche à l'âge adulte. Comment peut-on ignorer que des actes de délinquance, parfois graves peuvent survenir très tard, sans qu'aucun signe précurseur n'ait jamais alerté qui que ce soit ? Quelle est cette vision de la criminalité polluée par la peur de l'enfance ? Mais pour en rester au domaine de la petite enfance, autant écouter les vrais spécialistes. L'avis, par exemple, d'un des plus grands pédopsychiatres contemporains, le Professeur Bernard Golse, chef du service de pédopsychiatrie à l'hôpital Necker : *« personne au monde ne peut prédire qu'un enfant de trois ans qui présente des troubles de conduite sera un délinquant douze ans plus tard. Ce saut épistémologique est inacceptable... Faire croire que l'on peut faire des prédictions de ce genre dans le domaine de la psychiatrie, au mieux c'est illusoire, au pire c'est malhonnête et dangereux ».*

Mais supposons qu'un tel dépistage systématique soit mis en place, l'autre question, capitale, est de savoir ce que l'on fait de ce petit enfant ainsi repéré. Nicolas Sarkozy proposera-t-il de l'inscrire dans un Fichier National de

Enfants Turbulents (FNET) en se vantant d'épargner ainsi en France des milliers de victimes ? En attendant, il faut regarder ce que propose le rapport de l'INSERM sur lequel il s'appuie. Or ce qu'il préconise, en cas d'échec des thérapies cognitico-comportementales, ou si elles ne sont pas assez rapidement « efficaces », c'est d'utiliser des traitements médicamenteux. Citons là encore le Professeur GOLSE : utiliser des psychotropes chez les enfants « *avant quatre ans, c'est de la folie. Donner des psychotropes longtemps à un enfant de moins de quatre ans, c'est vraiment jouer à l'apprenti sorcier ; agir à l'aveuglette total. Les antidépresseurs, anxiolytiques ou somnifères vont se fixer sur les cellules nerveuses. Or, avant quatre ans, la structure cérébrale de l'enfant n'est pas encore complètement mise en place. Aucune étude disponible chez l'humain ne nous permet d'affirmer qu'en troublant l'installation de l'appareil cérébral à cet âge-là, on ne risque pas d'induire des effets à long terme* ».

0 de conduite pour le ministre de l'intérieur, la condamnation du monde scientifique

Une vraie fronde a éclaté devant ces propositions dangereuses. Une pétition a été lancée par une dizaine de praticiens dont Pierre Delion, pédopsychiatre au CHU de Lille, Boris Cyrulnik, neuropsychiatre... Elle était intitulée « pas de zéro de conduite pour les enfants de trois ans ». Cette pétition a recueilli près de 200.000 signatures. La philosophie pernicieuse du projet est dénoncée : « *faudra-t-il aller dénicher à la crèche les voleurs de cube ou les babilleurs mythomanes ?* »

Un colloque a finalement été organisé par l'INSERM le 14 novembre 2006 en présence du ministre de la santé. Les plus grands noms de la pédopsychiatrie française étaient présents, en compagnie de psychologues, sociologues, épidémiologistes... Ce colloque a rejeté quasi unanimement les préconisations de dépistage précoce de la délinquance, d'un dépistage centré sur les seuls symptômes, d'un contrôle des familles et d'une approche sécuritaire des difficultés de santé.

Le comité national d'éthique a condamné sans appel le rapport de l'INSERM dans un avis du 6 février 2007. *« Devant les colères fréquentes de l'enfant, penser qu'on peut prédire à terme des vols à main armée ou des viols est une vision très étrange »*, prévient Jean-Claude Ameisenn chercheur et rapporteur de l'avis. *« Il faut marquer nettement la différence entre prévention et prédiction »*. Mais c'est la remarque de Claude Kordon, spécialiste en neuro-sciences et co-rédacteur du rapport, qui nous paraît la plus pertinente et que tous les fervents partisans des surveillances de toute sorte devraient méditer : *« un regard négatif sur l'enfant peut avoir des effets sur la façon dont il va se comporter. Les comportements peuvent se stabiliser sous l'effet du regard que les autres portent sur soi »*, mais, à l'inverse *« si un enfant a une image de petit voyou, il peut s'y plier »*.

Fichés partout au mépris des lois

Devant la mobilisation du monde scientifique, médical et éducatif, les bébés ont échappé pour un temps à leur carnet anthropométrique mais on aurait tort de penser que ce fichage précoce soit une initiative isolée, un faux pas malheureux. Il s'inscrit dans une vision très précise de la société, une vision très policée. On ne peut qu'être effrayé par le nombre de fichiers que Nicolas Sarkozy a créés depuis son arrivée au ministère de l'intérieur. Une obsession qui n'inquiète d'ailleurs pas que les démocrates ou ceux qu'effraie un quadrillage de plus en plus serré de notre vie quotidienne. Le président de la CNIL, sénateur UMP, déclarait en 2006 : *« ce qui se passe dans notre pays est particulièrement grave. Je constate un dérive du fichage que je considère comme très dangereuse ».* Police et gendarmerie disposent de 100 millions de fiches en France. Peut-être est-ce un peu trop. Les erreurs se multiplient. Selon l'Observatoire National de la Délinquance les fichiers actuels contiennent jusqu'à 30% de noms inscrits par erreur.

Quel que soit le sujet qu'aborde le ministre-candidat, germe aussitôt l'envie de mettre en fiche, comme si l'État qu'il conçoit avait pour mission première de noter tous nos faits et gestes et conserver pieusement la trace de nos habitudes. Jointe à la passion de la vidéo-surveillance, cette malheureuse manie du fichage paraît quelque peu contraire aux principes ordinaires de la démocratie.

À chaque problème de société sa réponse-fichier. Délinquance des mineurs ? Carnet de comportement. Maladie mentale ? Fichier national des personnes hospitalisées d'office créé par la loi sur la prévention de la délinquance. Immigration ? Possibilité donné au maire (et largement utilisé) de créer des fichier des attestations d'accueil recensant toutes les personnes qui se propose d'accueillir des étrangers faisant une demande de visa (loi du 26 novembre 2003). Lutte contre la récidive ? Nouveau fichier de police. Est promis aux victimes la création d'un « fichier national des convocations par officier de police judiciaire qui permettra de centraliser et de recouper toutes les informations sur un récidiviste » ! Inutile de préciser que la personne ainsi convoquée devant un tribunal et qu'on veut mettre en fiche est toujours présumée innocente, un principe il est vrai assez « droit-de-l'hommiste ». Peut-être cette fois-ci songera-t-on à respecter la loi avant de le mettre en place. Car il arrive que le ministre, dans son élan, oublie la loi. Tel a été le cas pour le fichier Eloi. Non, ce n'est pas au Saint que se réfère ce fichier-là, mais aux mesures d'Eloi-gnement des étrangers. Il s'agissait d'une des réponses-fichiers à la question de l'immigration clandestine. Le ministre Nicolas Sarkozy a bien demandé son avis à la CNIL (commission nationale de l'informatique et des libertés), mais il n'a pas eu la patience d'attendre. Cette commission, pourtant indispensable au bon fonctionnement d'une démocratie, n'a pas les moyens de fonctionner ; elle n'a pas pu répondre au ministre dans le délai de deux mois. Son silence valait approbation tacite. Nicolas Sarkozy a alors créé ce fichier par un simple arrêté du 30 juillet 2006.

Ce fichier Eloi recense le maximum de renseignement sur les étrangers en situation irrégulière (l'identité, le nom, les surnoms, le sexe, la nationalité, la filiation, les langues parlées, la photo d'identité, le document d'identité, la situation professionnelle), mais aussi tout ce qui concerne leur entourage : leurs enfants, les personnes qui les ont hébergés, celles qui leur rendent visite au centre de rétention... Tout ceci est théoriquement conservé pendant trois ans. Las ! Cette merveilleuse initiative a été contestée par de mauvais esprits, la Ligue des droits de l'Homme, SOS Racisme, le GISTI (groupement d'information et de soutien aux immigrés), et d'autres groupuscules du même acabit. Le Conseil d'Etat a été saisi. Le 7 février 2007, le commissaire du gouvernement, Claire Landais, a demandé l'annulation de l'arrêté du ministre au motif qu'il n'était pas compétent pour prendre cette décision. Quel que soit le texte légal vers lequel on se tourne, la loi régissant l'entrée et le séjour des étrangers (que Nicolas Sarkozy connaît pourtant sur le bout des doigts) ou sur la loi informatique et libertés du 6 août 204, un tel fichier ne pouvait être créé que par un décret pris après avis du Conseil d'Etat. De plus, ce fichier devait être soumis à une procédure spéciale car certaines données, comme les photos numérisées, sont considérées comme biométriques et donc sensibles.

Dans sa décision du 12 mars 2007, le Conseil d'Etat a annulé l'arrêté pris par « une autorité incompétente », en l'espèce Nicolas Sarkozy : « seul un décret en Conseil d'Etat, pris après avis de la CNIL, pouvait fixer les modalités de mise en oeuvre du traitement automatisé de ce fichier ».

Quel dommage de ne pas pouvoir ficher selon la race !

Nicolas Sarkozy a donc du mal à respecter quelques lois élémentaires en matière de fichier mais ce sont des principes bien plus fondamentaux qui le gênent. Sa grande idée est de pouvoir ficher selon la race. On ressent une certaine gêne à oser écrire ce qui suit mais ce sont les paroles du ministre. *« Le fait que l'on ne puisse pas, en France, connaître la diversité de la population parce que l'origine ethnique des délinquants est interdite, participe à la panne de notre système d'intégration »*, déclarait-il à RTL le 6 février 2006 avant de déclarer, le 13 février, sur RMC *« il faut faire de la transparence. Il n'y a aucune raison de dissimuler un certain nombre d'éléments qui peuvent être utiles à la compréhension de certains phénomènes »*. On reste interdit devant de tels propos. Oser dire que ce fichage contribuerait à empêcher l'intégration est totalement absurde. En dehors d'une stigmatisation supplémentaire des étrangers et d'une belle contribution à la xénophobie et au racisme ambiant, on ne voit pas le bénéfice que pourrait en tirer la police dans son action quotidienne. À moins que ce fichier ne soit utilisé, à bon escient évidemment, dans le cadre du futur ministère de l'immigration et de l'identité nationale. Les policiers, eux-mêmes, n'en reviennent pas. Un représentant d'un syndicat de police (Dominique Achispon, secrétaire général du Syndicat national des officiers de police) s'étonne : *« quand on saura qu'il y a vingt, trente, cinquante, je ne sais combien de pour cent de délinquants aux parents ou aux grands-parents d'origine étrangère, comment cela va-t-il aider le policier dans son travail ? Il arrête des délinquants non parce qu'ils sont noirs ou arabes, mais parce qu'ils ont commis une infraction ».*

Mais certains policiers n'ont pas cette sagesse. Les renseignements généraux n'ont pas attendu la création de ce prochain fichier ethnique. Dans un rapport du 6 janvier 2005 qui avait eu les honneurs de la presse (Le Monde du 25 février 2006), ce service de police avait répertorié l'origine ethnique des 436 meneurs recensés dans 24 quartiers sensibles, il relevait que parmi ces meneurs *« 87% ont la nationalité française, 67% sont d'origine maghrébine et 17% d'origine africaine ».*

En attendant prospèrent d'innombrables fichiers dans des conditions problématiques. Ainsi l'immense fichier du STIC (système de traitement des infractions constatées), légalisé par la loi n°2003 du 18 mars 2003 sur la sécurité intérieure qui contient 4,7 millions de fiches de « mis en cause » et 22,5 millions de victimes et dont une bonne part ne sont pas mises à jour faute de contrôle par des procureurs de la République totalement impuissants. Il a fallu un « programme d'apurement automatique » du STIC en octobre 2004 pour s'apercevoir que 1,2 millions de fiches de mis en cause n'avaient pas lieu d'être. C'est évidemment dommage pour ce million de citoyens qui a pu voir ainsi son sort aggravé s'il avait à faire à la justice ou ses chances compromises s'il faisait l'objet d'une enquête administrative à l'embauche. Les erreurs sont légion. Quant aux non-lieux, relaxes ou acquittements qui peuvent être la suite d'une « infraction constatée », n'y comptez pas, le fichier n'est pas fait pour les décisions de justice, d'ailleurs les magistrats qui sont chargés de le contrôler n'y ont même pas accès directement !

Les dernières dérives mises à jour dans la campagne électorale sur le fichage de Bruno Rebelle, l'ancien de Green Peace, entré dans l'équipe de campagne de Ségolène Royal, n'a donc rien de surprenant. Au moins peut-on féliciter les Renseignements Généraux d'avoir tenu à jour l'une de leurs 800.000 fiches même si, évidemment l'intéressé n'avait plus depuis longtemps de responsabilité dans son association subversive. D'un point de vue ethnique, il n'y avait évidemment rien à lui reprocher mais son nom, à lui seul, devait constituer un danger pour les intérêts fondamentaux de notre pays.

Prévention-répression-surveillance

Si le volet « surveillance des petits enfants » a heureusement disparu du projet de loi sur la prévention de la délinquance, d'innombrables dispositions du même ordre ont été maintenues dans ce texte voté définitivement en février 2007. Nous avons là, l'une des images les plus achevées de la société sous très haute surveillance dont la réalisation avait été quelque peu freinée jusque là. Devant une gauche impuissante, une opposition de droite laminée, le ministre de l'intérieur a pu faire voter un texte pour une fois assez proche de ses aspirations.

Il s'agit en fait d'un catalogue de mesures répressives qui correspondent à une philosophie exposée inlassablement depuis plusieurs années, sous le slogan *« la meilleure prévention, c'est la sanction »*. Avec quelques variantes : *« vous savez, la meilleure des préventions, c'est que les voyous qui trafiquent sachent et comprennent qu'enfin maintenant ils vont risquer quelque chose »*. (France 2, 24 juin 2005).

Il est difficile de trouver quoi que ce soit qui ressemble à de la prévention. Nous sommes essentiellement dans le domaine de la répression ou de la surveillance, au sens le plus étroit : des dispositions concernant les chiens dangereux à la réforme des sanctions et de la procédure concernant les mineurs délinquants en passant par l'extension des pouvoirs des agents des transports publics en matière de police des transports... La Commission nationale consultative des droits de l'homme n'avait évidemment pas été sollicitée mais elle a, d'initiative, donné un avis : elle *« s'interroge sur la philosophie d'un texte dont les finalités ne sont pas véritablement affichées et qui, malgré le titre annonçant un projet de loi sur la prévention de la délinquance, traite essentiellement de mesures de répression ou de moyens de la mettre en œuvre »*.

Plusieurs outils d'étroite surveillance ont pu ainsi être mis en place. Nous ne nous attacherons qu'à l'un d'entre eux car ils préfigure, mieux que tout autre, le quadrillage social qui risque de se mettre en place : le nouveau maire-shérif auquel il ne sera plus possible d'opposer le secret professionnel. Ce nouveau maire est au centre d'un dispositif très resserré et dispose de pouvoirs très vastes. Avec des mots qui rappelle la période de Vichy, il est créé un *« conseil pour les droits et devoirs des familles »* où siège évidemment le maire. Ce dernier peut aussi créer un fichier des enfants ne respectant l'obligation scolaire, fichier *« où sont enregistrées les données à caractère personnel relative aux enfants en âge scolaire domiciliés dans la commune »* (article 6).

Mais c'est surtout le secret professionnel de tous les services sociaux qui vole en éclat. Le texte est clair. Il s'agit de l'article 5 de la loi (qui crée un article L.121-6-2 du code de l'action sociale et des familles). Il prévoit dans son dernier état, que *« tout professionnel de l'action sociale »* (ce qui est extrêmement vaste : assistant social, infirmière de PMI, inspecteur de la DDASS, éducateur de prévention spécialisée...) doit dénoncer au maire et au président du conseil général la situation d'une personne ou d'une famille qui s'aggrave et nécessite l'intervention de plusieurs professionnels. Le texte recouvre en fait tout le champ de l'accompagnement social et concerne tous les cas puisqu'aujourd'hui l'intervention solitaire du travailleur social relève d'un passé révolu. : « *lorsqu'un professionnel de l'action sociale constate que l'aggravation des difficultés sociales, éducatives ou matérielles d'une personne ou d'une famille appelle l'intervention de plusieurs professionnels, il en informe le maire de la commune de résidence et le président du conseil général* ». Ces professionnels peuvent alors transmettre toutes les informations nécessaires : ils « *sont autorisés à révéler au maire et au président du conseil général... les informations confidentielles qui sont strictement nécessaires à l'exercice de leurs compétences* ». Un coordonnateur peut également être désigné qui sert de courroie de transmission entre les professionnels de l'action sociale et le maire (ou le président du conseil général). C'est lui qui transmet alors les informations confidentielles.

Le maire est ainsi rendu destinataire de toutes les informations concernant ces familles en difficulté. La vraie rupture est là : nous passons ainsi sans crier gare d'un système d'aide à un système de surveillance. Car le maire a une double casquette. Il n'est pas seulement à la tête de services sociaux, il est aussi, selon les règles du code de procédure pénale, un officier de police judiciaire. Rappelons qu'aux termes du code de procédure pénale, « ont la qualité d'officiers de police judiciaire les maires et leurs adjoints... » (article 16), qu'ils sont chargés « de constater les infractions à la loi pénale, d'en rassembler les preuves et d'en rechercher les auteurs » (article 14). Et le maire, comme tout officier de police judiciaire se doit de signaler les infractions qu'il constate au procureur de la République. Nous sommes donc en pleine confusion. Le maire va pouvoir utiliser toutes les informations recueillies jusqu'alors confidentiellement par les travailleurs sociaux pour engager des poursuites ou faire mener des enquêtes. Ce partage du secret professionnel avec le maire remet en cause l'essence même du métier de travailleur social ou d'assistante sociale. Ces professionnels ont absolument besoin de la confiance des jeunes et de leurs familles pour pouvoir les aider. Si l'on sait qu'il n'y a plus de confidence possible et que tout peut remonter vers le maire, le travail social, éducatif, sanitaire devient impossible. À l'échelon de la commune se met ainsi en place le même système qu'à l'échelon national, peut-être pire, car les contre-pouvoirs possibles seront encore moins nombreux[17].

---

[17] Un Collectif national unitaire de résistance à la délation a été créé, composé de syndicats et d'associations, de nombreuses manifestations ont eu lieu dans toute la France pour demander le retrait de ces dispositions et de ce texte qualifié de liberticide qui, outre l'incitation à la délation, « met en place le contrôle et le fichage des personnes présentant des difficultés sociales, éducatives et financières ».

CHAPITRE XI

Police de garde à vue

« *Je demande aux policiers non plus de faire de l'ordre public mais d'interpeller ».* « *C'est une police d'interpellation, la police n'a pas à conduire une action sociale, la police a à conduire une action de répression pour que les citoyens puissent vivre en toute tranquillité* ». (RMC 26 février 2007)

« *Je suis un homme républicain, et depuis quatre ans et demi que je suis ministre de l'intérieur, à aucun moment et d'aucune façon, il n'y a jamais eu de bavure. Certains le regrettent* »
(RTL 22 septembre 2006)

Feu la présomption d'innocence

Il est évidemment indispensable que les policiers arrêtent les personnes soupçonnées d'avoir commis des infractions et qu'ils les placent en garde à vue, s'il le faut. Mais ils ne doivent pas aller au-delà de la rigueur nécessaire, sinon ils devraient être « sévèrement réprimés ». Qui oserait une telle provocation aujourd'hui ?

1789 : « *Tout homme étant présumé innocent jusqu'à ce qu'il ait été déclaré coupable, s'il est jugé indispensable de l'arrêter,* **toute rigueur qui ne serait pas nécessaire pour s'assurer de sa personne doit être sévèrement réprimée par la loi** ». L'article 9 de la Déclaration des Droits de l'Homme était-il si provocateur ? Si Sieyès, Condorcet, La Fayette, Mounier et Mirabeau devaient se réunir à nouveau aujourd'hui pour actualiser ce texte, qu'écriraient-ils ?

2007 : « *Tout homme étant présumé innocent jusqu'à ce qu'il ait été déclaré publiquement coupable au terme d'un procès équitable, s'il est jugé indispensable de l'arrêter, de le garder à vue ou de le placer en détention provisoire, ses droits devront être scrupuleusement respectés sous peine d'engager la responsabilité personnelle des enquêteurs et des magistrats qui les auraient violés* ».

Personne n'a jamais dit clairement que le principe de la présomption d'innocence s'appliquait également à la garde à vue et pas simplement à la détention provisoire. Il est plus que jamais temps de le proclamer haut et fort ! Elle concerne tous les types de contrainte policière ou judiciaire. La loi dit que la détention provisoire est l'exception et la liberté la règle, il serait bon qu'elle le dise rapidement à propos de la garde à vue. Où est la présomption d'innocence quand la police est sans cesse exhortée à interpeller le plus possible et à multiplier les gardes à vue ?

L'explosion des gardes à vue

Depuis 2002 très exactement, le nombre des interpellations et des gardes à vue a explosé. Cette dérive n'est pas vraiment connue. Plus d'un demi-million de gardes à vue. Tel est le bulletin de victoire du ministre de l'intérieur, alors que, paraît-il, la délinquance baisse. Depuis 2001, le nombre de gardes à vue est passé de 336718 à 530994, soit + 194276 (+57%). Près de 40.000 gardes à vue de plus par an en moyenne.

Tableau de la progression des interpellations et gardes à vue

Année	1999	2000	2001	2002	2003	2004	2005	2006
Total GAV	426851	364535	336718	381342	426671	472064	498555	530994
Augmentation		-62313	-27817	+44626	+45329	+45393	+26491	+32439

Cette politique paraît difficilement compatible avec les principes élémentaires du droit. Car à l'autre bout de la chaîne, à la base, face au policier dont la carrière se joue sur le nombre d'interpellations, il y a le citoyen !

La presse se fait heureusement de plus en plus l'écho de ces dérives. Prenons quelques exemples.

Le premier rapporté par le journal Sud Ouest. Nous sommes à Toulouse où a été déplacée la CRS 17 de Bergerac. Voici les consignes du commandant de police en date du 6 janvier 2007.

« Objet : Objectifs de mission pour le déplacement

Références : instructions nationales et zonales

Les objectifs fixés à la compagnie pour le déplacement de lutte contre les violences urbaines de Toulouse jusqu'au 18 janvier 2007 sont de lutter contre l'insécurité et la délinquance de voie publique dans les secteurs assignés d'une part, d'autre part de se maintenir au dessus de la moyenne de 5,08 mises à disposition quotidiennes avec une part routière inférieure à 40% ».

Traduction : les hommes de la CRS 17 doivent impérativement procéder à 5 gardes à vue chaque jour ! Les consignes sont mêmes plus détaillées. Suffisamment de gardes à vue, oui, mais à condition de remplir les bonnes rubriques. Un peu d'infractions à la circulation routière, mais pas trop : pas plus de 40%! C'est un policier qui concluait, interviewé dans le journal Sud Ouest : « *la rupture entre les citoyens et les policiers est exacerbée par cette culture du chiffre. La pression devient insupportable et amène parfois certains collègues à commettre des excès* ».

Se dire qu'à Toulouse, le 6ème suspect du jour va y gagner n'est pas très rassurant pour la sécurité publique. Mais tout aussi inquiétant est le citoyen qui aura le malheur de tomber un jour « sans », un jour statistiquement triste, où la colonne ne se remplit pas spontanément. Pour quel motif va-t-on l'arrêter celui-là ? Infraction aux règles du quota ?

N'accablons surtout pas le commandant de la CRS 17 de Bergerac, car le plus important dans sa note de service est le visa des références : « instructions nationales et zonales ». Ce type d'instruction est la simple traduction d'une politique définie au plus haut niveau et répercutées sans état d'âme jusqu'en bas de la hiérarchie.

Autre exemple, cité par Le Monde dans son édition du 16 mars 2007. Le Directeur départemental de Tours donne, lui aussi, comme son ministre, en début d'année les consignes précises à ses troupes pour 2007 : il faudra 1441 faits constatés par mois, dont 675 faits de voie publique et 150 de violences ! Le commissaire, chef du service de sécurité de proximité, a fixé, lui, les quotas d'interpellations de la brigade anti-criminalité de jour : 20/22 arrestations par mois. Un policier donne son avis : « *on ne nous demande plus d'avoir un comportement de policier, mais un comportement de commerciaux, à savoir que l'on nous demande d'interpeller tout et n'importe quoi* ».

Des dérives croissantes

Les excès « inévitables » sous une telle férule, chacun peut en mesurer les conséquences. Il suffit de lire régulièrement les rapports de la Commission Nationale de Déontologie de

Sécurité (CNDS, www.cnds.fr), autorité administrative indépendante créée par une loi du 6 juin 2000. Dans son rapport de 2005 elle « attire l'attention sur les incidents ou violences lors de certaines gardes vue ». Elle rappelle que les fonctionnaires de police sont « *confrontés à des situations périlleuses* » mais souligne aussi « *la forte pression subie par les fonctionnaires de police induite par les obligations de résultats ordonnées par leur hiérarchie* ». On ne peut être plus clair. Dans son bilan d'activité sur cinq ans, rendu public fin 2006, elle constate que de nombreux abus ont été relevés qui sont essentiellement imputables à la police. Parmi ces abus, les dérives de la garde à vue figurent évidemment en première place : « *conduite au commissariat sans procédure ultérieure, placement en garde à vue injustifié, parfois en l'absence évidente d'une infraction, durée de garde à vue excessive* ». Là encore, même si des sanctions peuvent être prises contre les fonctionnaires en question, ne les accablons pas trop. Certes le ministre de l'intérieur prend le 11 mars 2003 une circulaire où il rappelle les règles nécessaires au respect de la dignité des personnes gardées à vue, notamment en matière de fouille de sécurité, de menottage, d'alimentation, d'hygiène ou de droits de la défense. Mais cette circulaire n'est pas appliquée. La visite, en décembre 2004, à la Réunion, du Comité européen contre la torture (organe de contrôle créé par le convention européenne contre la torture) a montré que ces instructions « *demandent encore à être mises en œuvre* ».

Il reste que ces dérives, ces dysfonctionnements sont en hausse. Ce constat n'est pas seulement dressé par la CNDS. Les organisations non gouvernementales, elles aussi, relèvent régulièrement des abus. Un rapport accablant d'Amnesty International rendu public en avril 2005 s'intitule : « *France, pour mettre fin à l'impunité de fait des agents de la force publique, dans les cas de coups de feu, de morts en garde à vue, de torture et autres mauvais traitements »* (efai.amnesty.org).

Clichy sous Bois : « pas de polémique ! »

« Il n'y a jamais eu de bavure », affirme pourtant le ministre ! Il faut dire que ses conclusions précèdent souvent le début des enquêtes. Dans la triste affaire de Clichy sous Bois, qui avait contribué à déclencher les émeutes de banlieue en novembre 2005, sa conviction s'est forgée en 24 heures. Le lendemain du drame, le 28 octobre : *« lors d'une tentative de cambriolage, lorsque la police est arrivée, un certain nombre de jeunes sont partis en courant. Trois d'entre eux qui n'étaient pas poursuivis par la police, sont allés se cacher en escaladant un mur d'enceinte de trois mètres de haut qui abritait un transformateur »*, version immédiatement relayée par l'agence France Presse et les médias. En fin d'après midi du même 28 octobre Nicolas Sarkozy reçoit le maire de Clichy et l'assure que *« tout la vérité sera faite »*, mais il ajoute aussitôt à l'adresse des journalistes : *« aucun policier ne poursuivait ces jeunes au moment des faits. Il n'y a aucune polémique à entretenir »*. Même version deux jours plus tard : *« en l'état actuel des éléments qui sont à ma disposition, les policiers ne poursuivaient pas ces jeunes »* (TF1, 30 octobre 2005). Les policiers *« ont rétabli l'ordre et nous n'avons pas eu de mort, depuis ce drame de Clichy, où ces deux jeunes ont trouvé la mort pour rien, alors même qu'ils n'étaient pas poursuivis, qui sont allés mourir à 15 et 17 ans ce qui est un drame »* (Europe 1, 2 novembre 2005), etc.

Rappelons que dans cette affaire deux jeunes Zyed Benna, 17 ans, et Bouna Traoré, 15 ans, avaient trouvé la mort le 27 octobre 2005 et qu'un troisième avait été sérieusement blessé. Il n'y a eu aucun cambriolage. La version du survivant et des jeunes qui les accompagnaient était que des policiers les avaient poursuivis jusqu'au transformateur EDF et n'avaient rien fait alors qu'il y avait danger de mort. Une enquête avait été confiée à l'IGS qui concluait qu'il y avait bien eu course-poursuite et que le comportement de certains policiers était *« d'une légèreté et d'une distraction surprenantes »*. L'IGS précisait : *« l'étude de la chronologie des faits met en évidence que, si EDF avait été avisée au moment où le gardien de la paix constatait que les deux jeunes étaient susceptibles d'entrer dans la centrale, les agents EDF seraient intervenus un quart d'heure avant que ne se produise l'accident »*.

Deux policiers ont finalement été mis en examen par le juge d'instruction début 2007 pour « non assistance à personne en danger ». Quelle que soit la suite réservée à cette affaire, il apparaît qu'une fois de plus le zèle mis par le ministre de l'intérieur à couvrir les policiers était déplacé. Pourquoi vouloir à tout prix présenter comme « la » vérité ce qui, de toute évidente devra faire l'objet d'une enquête minutieuse ? Pourquoi parler de « polémique » dès qu'une vérité peut déranger ? Pourquoi tenter de passer en force quand toute une population attend légitimement de vraies explications.

Une dégradation des relations entre la police et la population

En 2007, il faudrait être aveugle pour ne pas voir le fossé qui s'est créé entre la population et la police et pas seulement dans les quartiers difficiles. Comment peut-on imaginer un instant que la violence qui s'étend actuellement en France sera réglée par une simple présence policière accrue ? Qui oserait imaginer qu'il suffira d'interpeller davantage pour dissuader les délinquants ? Les émeutes de fin 2005 sont le signe éclatant de l'échec de cette politique purement répressive.

Voici ce qu'écrivent des sénateurs de droite et de gauche dans un rapport intitulé « un nouveau pacte de solidarité pour les quartiers » déposé le 30 octobre 2006.

« Le changement des modes d'intervention de la police s'est traduit par une dégradation des relations entre la police et la population, unanimement constatée par les personnes entendues par la mission... Cette dégradation affecte particulièrement les relations entre les jeunes et la police, notamment en région parisienne. Il est d'ailleurs significatif que la plupart des violences urbaines éclatent à la suite d'altercations entre jeunes et la police. La multiplication des contrôles d'identité, parfois plusieurs par jour, est perçue comme des contrôles au faciès et une humiliation... Le symptôme le plus visible de cette impasse est l'augmentation constante des procédures pour outrages, rébellion ou violences à agent de la force publique, en général dressées non à l'occasion d'interpellations pour des faits de délinquance graves, mais à l'occasion d'opérations de police de routine sur la voie publique. La propension croissante des policiers à se constituer partie civile montre une personnalisation des conflits. Une logique de harcèlement réciproque semble s'être instaurée et a joué un rôle certain dans l'extension des émeutes, apparue comme un moyen de régler ses comptes avec la police ».

Les liens entre la police et la population doivent impérativement être redéfinis. Quel que soit le nom que l'on donne à l'institution - police de proximité, police de tranquillité, police de quartier...- il est urgent de redéployer autrement les forces de l'ordre, d'en terminer avec cette stratégie de pure répression totalement inefficace que Nicolas Sarkozy a inlassablement mis en oeuvre depuis 2002.

Les CRS, héros de la police de proximité

Lors de sa visite à Toulouse, le 3 février 2003 Nicolas Sarkozy avait fustigé le préfet et le directeur départemental de la sécurité publique adepte de la police de proximité : *« si je suis venu aujourd'hui à Toulouse, c'est parce que les choses ne vont pas bien. Cette situation, je n'ai pas l'intention de l'accepter. Il faut réagir, et c'est moi qui vais mener la réaction... La police de proximité est là pour prévenir mais si elle est faite au détriment du travail d'investigation et d'interpellation, elle ne sert à rien... La police, ce n'est pas du social. Vous êtes là pour arrêter des voyous, pas pour organiser des matchs de foot »*. La police de proximité avait été symboliquement enterrée ce jour-là. Le directeur départemental avait d'ailleurs été déplacé peu après. Les effectifs des policiers de police de proximité avaient été affectés dans les brigades anti-criminalité.

Nicolas Sarkozy ne dédaigne d'ailleurs pas le mot, mais « police de proximité » signifie pour lui déploiement de compagnies de CRS. En novembre 2005, 21 des 61 unités de CRS ont été redéployées dans des zones sensibles des 19 départements les plus touchés et 7 escadrons de gendarmerie mobile ont également été redéployés. On aurait tort de croire qu'il s'agit d'une mesure ponctuelle liée à une période de troubles. Nous sommes au coeur de la politique de sécurité du ministre-candidat qui la développe d'ailleurs avec une franchise désarmante : *« en affectant les compagnies républicaines de sécurité dans les banlieues sensibles et en adaptant leurs modes d'intervention à cet environnement spécifique, je fais de la police de proximité »* (La Gazette des Communes, 21 novembre 2005). Quand on constate l'immense difficulté de la police de sécurité publique à maintenir l'ordre et la paix publique, comment peut-on imaginer que l'intervention des compagnie républicaines de sécurité puisse, même sur le moyen terme, apporter autre chose, qu'une exacerbation extrêmement dangereuse des tensions ? Même les préfets, quand ils ont un peu de courage, le disent. Chacun a lu cette lettre du Préfet de Seine Saint Denis en date du 3 juin 2006 qui avait a été diffusée dans la presse en son temps : « *leurs modalités d'intervention (en parlant des CRS), axées sur les contrôles d'identité essentiellement, si elles s'avèrent fort utiles en certaines circonstances, ne permettent pas toujours une sécurisation réactive dans les quartiers sensibles dans le cadre de la prévention des violences urbaines. Par ailleurs est clairement perceptible la difficulté de fonctionnement conjoint sécurité publique et CRS, chacun tentant de reporter sur l'autre l'inefficacité des mesures de sécurité* ».

L'urgence : rétablir l'image de la police, redéfinir ses missions, son cadre législatif et sa formation

La police est aujourd'hui l'institution qui nécessite la réforme la plus urgente si l'on souhaite vraiment commencer à stopper l'accroissement dramatique de la violence. Il est indispensable d'en redresser l'image, d'en redéfinir les missions et d'en redéployer les moyens pour en faire un corps réellement efficace et respecté d'une population qui comprendrait son action et adhérerait à ses interventions.

Réunifier les missions de la police. L'action répressive de la police doit plus que jamais être maintenue mais elle doit s'exercer en direction de la vraie délinquance et non pas s'épuiser en une myriade d'actions ponctuelles destinées à remplir des colonnes statistiques ou en interventions habilement médiatisées et dramatiquement inefficaces. S'attaquer à l'économie souterraine du crime, à une délinquance de plus en plus structurée qu'alimentent des trafics de toute sorte, exige des actions patientes et de longue haleine et qui ne peuvent prospérer dans un climat de défiance ou d'hostilité de la population et de harcèlement statistique des forces de l'ordre. Tous ces quartiers où se développe une délinquance apparemment inaccessible doivent être reconquis un à un en liaison étroite avec la population. C'est pourquoi il est inconséquent et dangereux d'opposer ces deux faces indissociables de l'action policière que sont la police judiciaire et la police de proximité et de faire de la répression l'axe unique d'une politique de sécurité. L'efficacité d'une police ne se mesure pas au nombre d'interpellations, ni même au taux d'élucidation des affaires. Rien de plus trompeur que ces gardes à vue massives et ces taux d'élucidation où la police apprécie elle-même la réussite de ses opérations.

Comme le soulignait pertinemment les sénateurs après une longue étude sur le terrain et nombre d'auditions, « la lutte contre la délinquance ne peut se faire sans les habitants ». Ce qui suppose une réelle politique de prévention mais aussi la création d'une véritable police proche des citoyens. Pour lutter contre l'insécurité au quotidien il faut rendre visible mais rassurante la présence des forces de l'ordre. La mission sénatoriale a d'ailleurs demandé aux maires par questionnaire ce qu'ils pensaient de la police de proximité : elle a été plébiscitée par eux.

Les solutions sont simples. La première mesure proposée dans ce rapport pour assurer la sécurité dans les quartiers en difficulté est « réactiver une véritable police de proximité ». Il ne s'agit pas de demander aux policiers de faire du travail social ; il existe pour cela d'autres structures dont c'est le rôle, collectivités territoriales, associations... La police de proximité, comme son nom l'indique, doit pouvoir s'implanter dans des lieux facilement accessibles mais qui doivent être définis en liaison avec les communes concernées et s'exercer à des heures adaptées aux problèmes de terrain. Le recueil des plaintes, la multiplication des patrouilles sont parmi les tâches essentielles de cette police-là. Mais il convient aussi, de donner à ces policiers, souvent très jeunes, une formation initiale et continue de très grande qualité et de les faire bénéficier d'un encadrement expérimenté.

Un contrôle renforcé. Tout comme pour la magistrature un renforcement du contrôle de la police est nécessaire. Les différentes inspections qui sont sous l'autorité directe du ministre ne suffisent pas à assurer ce contrôle. Le rôle de la CNDS doit être renforcé : elle doit pouvoir être saisie par les citoyens. Le Comité contre la Torture (organisme international créé par une convention internationale ratifiée par la France) a recommandé à notre pays le 24 novembre 2005 de permettre à toute personne se plaignant de torture ou d'un traitement cruel, inhumain ou dégradant de pouvoir saisir cette commission. Nous ne sommes évidemment pas dans une hypothèse d'école puisque la France a déjà été condamné à trois reprises par la cour européenne des droits de l'homme dans les quinze dernières années pour torture pour des violences commises pendant une garde à vue.

Un changement radical du régime de garde à vue. Nicolas Sarkozy affirme à loisir qu'il veut faire passer la police de la culture de l'aveu à celui de la preuve. Il soutient même que nous sommes déjà dans cette culture. Il suffit d'écouter ne serait-ce que les acquittés d'Outreau racontant la façon dont se sont déroulées leurs gardes à vue pour comprendre que le ministre n'est pas vraiment informé de ce qui se passe dans les commissariats. La commission parlementaire d'Outreau a d'ailleurs, parmi ses recommandations, fait figurer en bonne place la présence de l'avocat et l'assistance aux interrogatoires de police. Cette mesure se heurte pour l'instant à l'hostilité de quelques syndicats de policiers et surtout à celle de Nicolas Sarkozy. Or seule la présence effective de l'avocat est à même d'assurer un contrôle sérieux de cette mesure qui relève encore du Moyen Âge. La plupart des pays démocratiques l'ont accepté car il est de l'intérêt de tous, y compris des enquêteurs, que leurs investigations soient indiscutables et que les déclarations obtenues en garde à vue constituent enfin une preuve fiable.

CHAPITRE XII

La justice, maillon faible de la « chaîne pénale » ?

Un ministre de l'intérieur très attaché à la justice

« *Je suis très attaché à la justice, mais je ne pense pas que le laxisme et la démission ça fasse avancer la justice* »
(RTL 22 septembre 2006).

« *En conseil des ministres, j'ai demandé au président de la République de demander au Garde des Sceaux ce qu'il allait advenir du magistrat qui avait osé remettre un monstre pareil en liberté* »
(22 juin 2005)

« *Certains tribunaux se sont faits une spécialité d'exonérer les mineurs de toute forme de responsabilité. C'est le cas par exemple en Seine Saint Denis. Et ce n'est pas par hasard si la Seine Saint Denis connaît une délinquance parmi les plus fortes de France* »
(Le Figaro Magazine, 2 septembre 2006).

« *J'ai parlé du président du tribunal pour enfants de Bobigny dont la stratégie est bien connue depuis des années, elle consiste à refuser obstinément de punir et de sanctionner des mineurs récidivistes dans ce département. Ainsi... en 27 nuits d'émeutes en Seine Saint Denis, il y a*

eu une décision d'emprisonnement. Ainsi à ce moment-là, je comprends très bien que ce monsieur, que je respecte par ailleurs, ait une stratégie qui consiste à faire confiance et à refuser de punir, mais dans ce cas-là, qu'on ne le laisse pas à la tête du premier tribunal pour mineurs, dans un département si difficile ».
(Émission « À vous de juger », novembre 2006).

Feu le principe constitutionnel de la séparation des pouvoirs

L'un des principes de base d'une République est la séparation des pouvoirs même si certaines bonnes âmes estiment ce concept dépassé. Elle est encore l'un des piliers de nos libertés et se retrouve dans les décisions très récentes du Conseil Constitutionnel. Tout simplement parce qu'il convient d'éviter la concentration de tous les pouvoirs en une seule main. Quelle serait cette démocratie où les mêmes décideraient d'absolument tout ? De l'action quotidienne du pouvoir -l'exécutif -, de la fabrication des lois - le législatif -, de l'exécution de ces lois - du judiciaire - ? Si les libertés peuvent aujourd'hui être mises à mal, le danger vient de la réunion de tous ces pouvoirs dans les mains d'un parti ou d'un homme. D'autant que son influence sur les autres acteurs de la vie politique, la presse, l'économie, peut être considérable. Aujourd'hui, respecter cette séparation des pouvoirs, c'est tout faire pour que le Président de la République et ses ministres n'empiètent pas sur les autres institutions. C'est disposer de règles qui assurent que les élus du peuple puissent faire entendre leurs voix, que le Parlement ne soit plus un parlement-croupion. C'est faire en sorte que cet autre pouvoir que sont les médias ne soit pas dans la dépendance d'un ministre ou de ses amis. Mais c'est aussi garantir à la justice l'exercice indépendant de son action.

Or, nous avons assisté en France depuis quelques années, à un exercice inédit de prise du pouvoir du ministre de l'intérieur sur l'appareil judiciaire. Jamais, sous la Vème République, aucun gouvernement n'avait osé faire ce qu'a fait Nicolas Sarkozy.

Ce ne sont évidemment que les juges du siège qui font frémir d'indignation le ministre de l'intérieur. Les procureurs lui conviennent mieux. Il faut dire que depuis 2002, en rupture avec la tradition suivie jusque là, le choix des chefs de parquet par les gardes des sceaux se fait souvent contre l'avis du Conseil Supérieur de la Magistrature : à douze reprises, le ministre de la justice a passé outre un avis défavorable. Évidemment aucun des magistrats concernés n'a renoncé à son avancement. Chacun peut constater que dans les parquets se développe une culture de la soumission qui va bien au-delà du lien hiérarchique mais qui ne doit pas trop heurter Nicolas Sarkozy. Il n'a d'ailleurs qu'à les féliciter : *« jamais, je n'ai mis en cause les magistrats dans leur ensemble. La meilleure preuve, c'est que je suis prêt à le dire, les magistrats du parquet font un travail remarquable, seulement ils ne sont pas suivis »* (RTL 22 septembre 2006).

La dernière nomination du procureur de la République de Nanterre ne fait pas exception à cette nouvelle règle. Le Conseil Supérieur de la Magistrature a donné un avis défavorable à la nomination du juge d'instruction, M. Philippe Courroye (actuellement en fonction au pôle financier de Paris), à la tête de ce service particulièrement important surtout dans les années à venir. Personne ne conteste évidemment les qualités ni l'indépendance de ce magistrat, qualités si évidentes qu'elles lui ont valu l'insigne honneur d'être décoré de la légion d'honneur par le Garde des Sceaux, Dominique Perben, en 2004. Ne sont pas davantage en cause ses relations avec Nicolas Sarkozy, également président du Conseil général des Hauts de Seine, chacun sachant que les deux hommes se fréquentent et s'apprécient depuis longtemps. L'avis négatif apparaît simplement motivé par le seul fait que ce magistrat, qui n'a jamais été membre du ministère public, va se trouver en charge d'un des parquets les plus lourds de France. Un parquet qui devra prendre position d'ici peu sur des poursuites éventuellement susceptibles d'être engagées contre Jacques Chirac.

Le ministre de l'intérieur demande des sanctions contre un juge qui aurait ordonné une libération conditionnelle

Le 22 juin 2005, Nicolas Sarkozy, recevant des généraux et commandants de gendarmerie au ministère de l'intérieur critiquait la décision de libération conditionnelle dont avait bénéficié Patrick Gateau, alors mis en examen pour le meurtre d'une jeune femme, Nelly Cremel, commis quelques jours plus tôt. Il déclarait que le juge qui avait pris cette décision devait « *payer pour sa faute* ». Quelques jours plus tard, en conseil des ministres, lui, le ministre de l'intérieur, demandait au garde des sceaux que des sanctions soient prises contre ce magistrat. Le ministre de la justice, apparemment encore en charge des dossiers de la justice, mettait quelque temps à réagir et tentait de rassurer son collègue en rappelant quelques temps plus tard que dans cette affaire « *la loi, toute la loi a été respectée. C'est un collège de trois magistrats qui s'est prononcé, sur la base d'avis et d'expertises, en application des dispositions du code pénal et du code de procédure pénale* ». Il rappelait ainsi quelle était la loi que, tout à son énervement, l'ancien avocat devenu ministre de l'intérieur, n'avait pas eu le temps de consulter : cette libération conditionnelle n'était pas le fait d'un magistrat, décidant seul et de façon irresponsable, dans le secret de son cabinet. Elle était le fait de trois magistrats statuant en collégialité après s'être entourés de toutes les garanties possibles, une enquête très approfondie et des expertises psychiatriques favorables. La décision qu'ils avaient rendue était connue du procureur de la République que rien n'empêchait de faire appel, surtout dans une matière aussi sensible. Comment peut-on admettre en République qu'un ministre de l'intérieur demande des sanctions disciplinaires contre des juges qui ont rendu une décision en collégialité ? Il existe une procédure en France pour engager une action disciplinaire contre un juge. Le ministre de l'intérieur ne fait toujours pas partie pour l'instant des autorités chargées de la mettre en oeuvre. Peut-être est-ce préférable car, en l'espèce, ce juge était condamné avant même de s'être expliqué. Le Conseil Supérieur de la Magistrature, qui est, lui, officiellement chargé pour l'instant de la discipline des magistrats, avait saisi le président de la République en rappelant que « *l'application effective du principe constitutionnel de la séparation des pouvoirs doit conduire les membres de l'exécutif comme du législatif à une particulière réserve lorsqu'ils commentent une décision de justice* » et que « *ces propos, par leur excès, sont de nature à porter atteinte à l'autorité de la justice et à son indépendance* ». Jacques Chirac répondait aussitôt qu'il était « *particulièrement attentif* » au « *principe constitutionnel de la séparation des pouvoirs et au respect de l'indépendance de la justice* ». « *Rien ne saurait les remettre en cause* », affirmait-il. On n'a jamais su ce qu'était le « rien ».

Le ministre de l'intérieur demande le départ du président du tribunal pour enfants de Bobigny

Le ministre de l'intérieur s'est posé en censeur de certaines décisions de justice qui ne lui plaisent pas : « *quand il y a des décisions qui sont prises,* dit-il en juin 2006, *il faut qu'elles soient portées à la connaissance du public, j'ai bien l'intention de le faire pour un certain nombre de décisions de justice »*. Personne n'a alors beaucoup réagi à cette déclaration-là faite pourtant lors d'une conférence de presse. Voici le ministre de l'intérieur se présentant comme observateur sourcilleux et censeur des jugements qui ne lui plairaient pas. Et d'enchaîner : *« je n'ai, par exemple, pas trouvé admissible que durant toutes les émeutes du mois de novembre dernier, le tribunal de Bobigny n'ait pas prononcé une seule décision d'emprisonnement »*. Ce qui, on le sait, est radicalement faux.

On se demande pourquoi les propos tenus en le 21 septembre 2006 par le ministre de l'intérieur ont davantage ému que les précédents qui étaient exactement du même acabit. Ce jour-là, il se rend à la préfecture de Seine Saint Denis et reprend son discours ordinaire : *« la police et les gendarmes ne peuvent pas tout faire, tous seuls »*. Il dénonce diverses décisions et ajoute que *« de telles décisions témoignent d'une forme de démission devant des délinquants chaque jour plus violents »* avant de regretter publiquement *« tant de faiblesse à l'égard des multirécidivistes et des mineurs... J'aimerais que l'on m'explique comment on empêche un délinquant de récidiver si l'on n'a pas le **courage** de le mettre en prison »*.

C'en était trop pour les professionnels de justice qui ont manifesté un peu partout en France. Le 22 septembre le premier magistrat de France, Guy Canivet, Premier Président de la Cour de cassation, après avoir fustigé *« les termes provoquant du ministre de l'intérieur mettant en cause le fonctionnement de l'institution judiciaire »* obtient une audience du Président de la République.

Jacques Chirac reprenant en quasi copier-coller sa lettre de 2005, souligne dans une admirable langue de bois *« sa très grande exigence quant au respect de l'indépendance des magistrats et à la nécessaire sérénité qui doit présider à l'exercice de leur mission ».* Il adresse même aux magistrats *« un message de confiance dans leur engagement et leur esprit de responsabilité ».* Manifestement le message n'a pas été adressé en copie au ministre de l'intérieur qui a continué de pus belle, se souciant comme d'une guigne des remontrances présidentielles. Le même jour, il affirmait clairement sur RTL qu'il ne tenait absolument aucun compte de toutes ces protestations et s'en remettait à ce qu'il pensait être l'opinion populaire : *« quel est mon juge ? Les Français ! Il est peut-être venu le temps que ceux qui forment les élites républicaines se rendent compte du décalage croissant entre ce que nous disons et ce que pensent les gens ».*

En novembre 2006, il demandait ouvertement devant des millions de téléspectateurs le déplacement du président du tribunal de Bobigny !

La justice, simple maillon dans une lourde chaîne pénale

Le syndicat de la magistrature a déjà menacé le ministre des foudres du code pénal qui interdit de jeter publiquement le discrédit sur des décisions de justice. Il n'était pas question évidemment d'engager de telles poursuites mais de rappeler à un ministre quelles sont ses obligations particulières en tant que représentant de l'Etat. Nicolas Sarkozy, là comme ailleurs, n'est pas au-dessus des lois. L'intéressé affirme qu'il parle le langage des Français et s'autorise dès lors à exprimer publiquement tout le mal qu'il pense de la justice. Dans un premier temps son argument apparaît sérieux : pourquoi effectivement faudrait-il s'interdire de contester la justice ? Dans une saine démocratie, la critique des pouvoirs publics est une nécessité, celle des gouvernants, comme celle des juges. Qu'un ministre de l'intérieur s'autorise quelques appréciations sévères des juges, à l'extrême rigueur, pourquoi pas, si l'inverse est possible.

Mais là, la question n'est pas vraiment là. Ce n'est pas la critique en soi qui paraît problématique mais le fond de cette critique et la conception de la justice qu'elle révèle. Nous sommes face à une remise en cause radicale du fonctionnement de la justice et de sa place dans la société. Il ne s'agit pas du tout d'une intervention ponctuelle, ciblant tel ou tel juge, comme veut le faire croire Nicolas Sarkozy, mais d'une vraie rupture.

La formule la plus révélatrice est finalement celle de « chaîne pénale » qu'il n'est d'ailleurs pas le seul à utiliser, mais qui prend dans sa bouche une connotation particulière : *« nous sommes une même chaîne pénale »* affirmait-il le 26 juin 2002 en parlant de la police et de la justice. Cette dernière, dans cette conception là, n'est qu'une pièce parmi d'autres. Elle devrait jouer un rôle équivalent à celui des différents maillons de cette chaîne : être solidaire de cette répression qui va de l'arrestation à la prison en passant inévitablement par la case « tribunal ». Nicolas Sarkozy ne supporte manifestement pas que les juges s'éloignent de la place qu'il veut leur assigner : si la police s'identifie à l'interpellation, la justice doit s'accomplir dans l'emprisonnement. Les seules interventions appuyées du ministre vont à la dénonciation du laxisme de la justice. L'accusation est forte et même violente. Non seulement les juges ne mettent pas assez en prison, mais ils créent de la délinquance ! Leur laisser-aller encourage les criminels : *« ce n'est pas par hasard si la Seine Saint Denis connaît une délinquance parmi les plus fortes de France »* ! Même Jean-Marie Lepen n'avait pas osé aller jusque là. Voilà une analyse fine, frappée au coin du bon sens. Non, la pauvreté n'est pas en cause, le chômage pas davantage, la déstructuration des familles encore moins, l'urbanisme, n'en parlons pas. Non, c'est d'une poignée de juges cloîtrés dans un Palais de Justice de Bobigny, ces pelés, ces galeux, que venait tout le mal. S'il fallait chercher une excuse à la hausse de la délinquance, la voilà toute trouvée.

Remettons donc dans l'ordre la fameuse chaîne

La justice selon Nicolas Sarkozy ne ressemblera à rien de connu jusque là. Reconstituons le tout. À la base nous trouvons donc des interpellations massives. Tolérance zéro à tous les niveaux. Les poursuites sont engagées systématiquement. Dans ce grand mouvement qui caractérise les cinq années de législature, les procédures qui sont sous la main du parquet (composition pénale, « plaider coupable ») sont privilégiées. Pour le reste, les poursuites expéditives (comparution immédiate pour majeur ou mineur) sont renforcées. Au tribunal, le juge qui aurait quelque velléité de s'écarter de la ligne tracée, se voit doté d'un « guide de l'application » des lois. S'il doit juger un récidiviste, il est sommé d'appliquer des peines plancher ou des peines plafond, sans même avoir à s'en expliquer. On peut faire confiance à Nicolas Sarkozy pour continuer sa surveillance des décisions qui n'auraient pas l'heur de lui plaire, pour dénoncer les juges contrevenants et demander publiquement leur démission. Pour les magistrats récalcitrants, il faut bien les faire « payer ». Les sanctions prononcées contre les délinquants sont exécutées rapidement et sans mollesse. Les détenus devront s'entasser comme jamais dans des prisons surpeuplées. Pour les délinquants atteints de troubles psychiques, il y a des prisons-hôpitaux flambant neufs dont on ne connaît que le nom faute de connaître les modalités de fonctionnement. Un juge des victimes veille à la juste et complète exécution de ces sanctions.

L'édifice a fière allure. Logique, carré, simple, rapide. Dommage que ce ne soit pas de la justice car il est bien séduisant. Dommage qu'il ne soit pas humain car il doit fonctionner presque tout seul.

Est-il utile de préciser que d'autres façons de rendre la justice en France sont concevables. Il y a peu, une douzaine de citoyens ont payé de plusieurs années de leur vie -et un treizième de sa vie - les dysfonctionnements ordinaires de notre justice. Quelques élus de bonne volonté qui n'avaient a priori que peu de raisons de s'entendre et de travailler ensemble ont rendu des conclusions unanimes. Ils ont eu le mérite de travailler de la façon la plus démocratique qui soit : sous l'oeil des caméras. Leurs propositions sont toutes réalisables, toutes vont dans le bon sens. Il ne leur manquait que quelques conseillers juridiques pour mettre en ordre la partition et traduire leurs idées en articles de loi. Une affaire de quelques semaines. Au lieu de cela, le gouvernement actuel, avec la collaboration active de Nicolas Sarkozy a accouché d'une réforme minuscule et ridicule qui ne change rien à rien. Rassurons-nous, le souriceau dont a accouché la montagne ne devrait vivre que dans quelques années. Les quelques rares mesures votées à la va-vite ne seront applicables que dans quelques lointaines années. Il est vrai que taux d'inflation législative devait nécessairement conduire un jour ou l'autre à voter des lois à crédit.

CHAPITRE XIII

Les vraies ruptures

Le passé est là

Les campagnes électorales sont faites pour rebâtir le monde. Il y a dans chaque bulletin une part de rêve, une part d'espoir. À chacun de se débrouiller ensuite avec les promesses qu'il a bien voulu croire ou porter. Mais le passé, lui, est têtu, en politique comme ailleurs. Celui de Nicolas Sarkozy est là et bien là. Sa marque, ses mots, ses gestes ont d'autant moins de chance de nous avoir échappé qu'ils ont constamment fait l'objet d'un traitement médiatique privilégié grâce à un marketing politique haut de gamme. L'omniprésence du ministre, le flot de ses déclarations font qu'aucun détail de son action ou de ses propos tout au long de ses cinq dernières années n'a pu être oublié par une caméra, un micro, un journal. La difficulté tient plutôt au trop plein. L'homme parle sans cesse et ne craint pas de se répéter, s'accrochant inlassablement à la formule qui semble faire mouche. S'agissant de la sécurité, chacun a en mémoire une sortie, une proposition, une visite, une interview... Pour autant, la synthèse n'est pas aisée. La difficulté est de rassembler les différents niveaux de discours : les allocutions très travaillées, les programmes de son parti, minutieusement construits, mais aussi les déclarations à l'emporte-pièce, les mots lâchés au passage... Synthèse d'autant plus délicate que la stratégie actuelle du candidat brouille l'image qu'on nous avait d'abord proposé et que chacun croyait connaître. Il a d'abord été question de « rupture ». Mais avec quoi ? Nicolas Sarkozy a tellement imprimé sa marque à la politique de sécurité des cinq dernières années, qu'on ne le voit pas rompre avec lui-même ou renier l'un de ses credos. « Rupture tranquille » ensuite. Ce glissement sémantique ne paraît pas décisif. Puis vint le changement : « j'ai changé ». Oui mais sur quoi ? Personne ne sait vraiment ; apparemment pas pour le sujet qui nous préoccupe. Le ministre dans ce domaine a fait preuve d'une belle persévérance et a toujours maintenu et développé des analyses, des stratégies, une philosophie qui n'a pas varié d'un iota.

Vraies ruptures

En fait Nicolas Sarkozy n'a jamais changé : son discours a toujours été un vrai discours de rupture. Mais une rupture pour l'instant contrariée : il n'a jamais pu aller jusqu'au bout de ses projets. L'ambition de l'homme, tout le monde la connaît et lui-même l'avoue sans détour depuis toujours. Le pouvoir l'habite. Mais ce pouvoir, il ne l'a jamais eu complètement. Il s'est quelquefois fourvoyé, a connu des échecs, parfois cuisants, mais il s'est toujours relevé à la recherche de la plus haute marche, la seule qui l'intéresse. Quand il s'est hissé à des responsabilités ministérielles, il n'a jamais été le numéro un. Un obstacle s'est toujours dressé sur sa route pour l'empêcher d'exprimer totalement, de traduire complètement ses idées. Il lui est rarement arrivé de quitter l'hémicycle en se disant qu'une loi qu'il avait pourtant portée était vraiment en définitive la sienne. Plus d'une fois il est parti dépité en clamant haut et fort que bientôt, oui, bientôt, il pourrait accomplir pleinement son dessein qu'on ne comprenait pas encore, les esprits n'étant pas assez mûrs. Le seul domaine où il a vraiment pu donner sa pleine mesure est la direction de la police. Un police qu'il a pu bâtir à son image, selon ses principes. Pour le reste, il attend le 6 mai 2007 pour pouvoir enfin rompre définitivement avec des principes qui l'ont bridé jusqu'à présent et qu'il abhorre. Cerner les contours de la politique de Nicolas Sarkozy, en matière de sécurité du moins, c'est retrouver la cause de ses derniers échecs, de ses reculs, des rebuffades ou des rappels à l'ordre qu'il a essuyés. Patiemment, en attendant son heure.

Ruptures avec quelques grands principes républicains

Force est de constater que le plus grand chagrin de Nicolas Sarkozy tient dans quelques grands principes constitutionnels, quelques fondements de la démocratie, qui traînent dans la Déclaration des Droits de l'Homme, la Convention Européenne de sauvegarde, les Déclarations de l'ONU, de multiples traités internationaux dont la France a souvent été le promoteur. En voici quelques uns.

- *La séparation des pouvoirs*. « *Toute société dans laquelle la garantie des droits n'est pas assurée ni la séparation des pouvoirs déterminée n'a point de constitution* » (article 16 de la déclaration des droits de l'homme et du citoyen): le « *principe constitutionnel de séparation des pouvoirs* » a été rappelé au ministre par les plus hautes autorités de l'Etat et par le président de la République lui-même à l'occasion de ses incessantes attaques contre la justice. Inutile d'escompter un quelconque respect de l'indépendance de la magistrature si Nicolas Sarkozy est élu. Si le ministre se permet déjà de demander des déplacements ou des sanctions disciplinaires de magistrats, s'il tance régulièrement les juges qui ne mettent pas assez en prison, et leur demande de payer leurs fautes avant même de savoir de quoi il parle, on peut imaginer ce qu'il fera s'il est élu président de la République et qu'il se retrouve « garant de l'indépendance de la Magistrature » !

- **La non-rétro-activité des lois.** « *Nul ne peut être puni qu'en vertu d'une loi établie et promulguée antérieurement au délit, et légalement appliquée* » (article 8 de la déclaration des droits de l'homme et du citoyen). Le Conseil constitutionnel a évidemment reconnu depuis longtemps la valeur constitutionnelle de ce principe. Lors du débat du projet de loi sur le traitement de la récidive Pascal Clément, ministre de la justice, et Nicolas Sarkozy ont activement milité pour l'application rétro-active de la peine de suivi socio-judiciaire aux délinquants sexuels déjà condamnés. Le Garde des Sceaux a même proposé aux députés, s'ils avaient gain de cause, de ne pas saisir le conseil constitutionnel : « *Il suffira pour eux de ne pas saisir le conseil constitutionnel et ceux qui le saisiront prendront sans doute la responsabilité politique et humaine d'empêcher la nouvelle loi de s'appliquer au stock (sic) de détenus* ». Il a aussitôt reçu une volée de bois vert du président du conseil constitutionnel lui-même, Pierre Mazeaud : « *le respect de la Constitution est non un risque mais un devoir* ». Deux jours plus tard, le 27 septembre, Nicolas Sarkozy est néanmoins revenu à la charge, comme s'il ne s'était rien passé : « *je souhaite que l'on pose la question de la rétro-activité du suivi socio-judiciaire pour les multi-récidivistes condamnés avant juin 1998* ».

- **L'individualisation de la peine.** « *La loi ne doit établir que des peines strictement et évidemment nécessaires* » (article 8 de la déclaration des droits de l'homme et du citoyen). Tous les Gardes des Sceaux de la dernière législature ont rappelé que le système des peines plancher prôné à longueur d'années par Nicolas Sarkozy, non seulement heurtait notre tradition juridique mais était contraire à la constitution et à la Convention européenne telle que l'interprète la cour européenne des droits de l'homme. Le Conseil constitutionnel a affirmé clairement par une décision du 22 juillet 2005 qu'il s'agissait d'un principe constitutionnel « *qui découle de l'article 8 de la Déclaration des droits de l'homme et du citoyen de 1789* » (Décision 2005-520 du 22 juillet 2005). Nicolas Sarkozy a pourtant la ferme intention de faire voter immédiatement une loi établissant le système des peines planchers s'il est élu.

- ***La présomption d'innocence :*** « *Tout homme étant présumé innocent jusqu'à ce qu'il ait été déclaré coupable...* » *(*Article 9 de la déclaration des droits de l'homme et du citoyen). Nicolas Sarkozy n'a manifestement aucune notion de ce principe-là. Pour lui, dès qu'une personne est arrêtée elle est « coupable ». Dans toutes ses interventions télévisée, il a systématiquement, à l'occasion des affaires qu'il évoquait, utilisé ce terme. Par exemple : « je parlais tout à l'heure de l'affaire de Marseille, comment a-t-on trouvé en 48 heures les **coupables** ? » (à vous de juger, novembre 2006). Il finit même par innover en renversant le principe : il parle de « présumé coupable », à propos de Patrick Gateau mis en examen pour le meurtre de Nelly Cremel : « *celui qui la tue, qui est suspecté, **présumé coupable**, a déjà tué une femme...* » (Même émission). Jamais en France, au ministre de la République n'avait, avec une telle constance, piétiné ce principe, au point que plus personne ne finit par le relever. Non seulement les suspects sont immédiatement coupables, mais ils sont, de plus, des voyous, des barbares, des monstres, dont le cas est aussitôt cité en exemple pour faire voter des lois d'urgence.

- ***Le principe de l'atténuation de la responsabilité pénale des mineurs*** est en France un principe « *fondamental reconnu par les lois de la République* ». On a vu que le Conseil Constitutionnel l'avait clairement affirmé le 29 août 2002 (chapitre 4). La volonté de Nicolas Sarkozy de supprimer le principe de l'atténuation de responsabilité des mineurs de 16 à 18 ans et d'aligner progressivement le droit des mineurs sur celui des majeurs heurte de plein fouet ces principes élémentaires de la justice et du droit des mineurs. La dernière décision du Conseil Constitutionnel du 3 mars 2007, validant la loi sur la prévention de la délinquance, a certes admis la constitutionnalité d'une grave entorse contenu dans ce texte mais il a fermement rappelé le principe lui-même : « *les dispositions critiquées maintiennent le principe selon lequel, sauf exception justifiée par l'espèce, les mineurs de plus de seize ans bénéficient d'une atténuation de responsabilité pénale ; elles ne font pas obstacle à ce que la juridiction maintienne cette atténuation y compris dans le cas où les mineurs se trouvent en état de récidive* ». On ne voit pas, dès lors, comment le Conseil Constitutionnel pourrait, demain, valider une loi qui rendrait automatique l'exclusion de cette atténuation de responsabilité.

- *Le respect de la vie privée*, garanti par tant de textes fondateurs (de la Déclaration de 1789 à la Convention européenne) est peut-être le principe le plus méconnu par Nicolas Sarkozy. L'un des aspects les plus importants de ce droit est la protection du secret professionnel qui, on l'a vu, est mis à mal par la loi sur la prévention de la délinquance. Mais le respect de la vie privée, c'est aussi la garantie donnée à chaque citoyen de ne pas être inscrit dans ces multiples fichiers tentaculaires, cette manie du ministre de l'intérieur. Ces fichiers, pris un à un, ont pu échapper à la censure du conseil constitutionnel ou à la vigilance de la CNIL mais, bout à bout, ils forment un ensemble monstrueux et ingérable qui met en danger la liberté de chacun d'entre nous.

- *Le droit d'asile* est un principe constitutionnel énoncé par l'article 3 du Préambule de la Constitution de 1946 : « *tout homme persécuté en raison de son action en faveur de la liberté a droit d'asile sur les territoires de la République* ». On a vu ce qu'il restait du droit d'asile en France aujourd'hui. La politique d'immigration mise en oeuvre par le ministre de l'intérieur réduit progressivement les possibilités concrètes de demander l'asile. On a entendu les cris de victoire du ministre de l'intérieur se réjouissant de la baisse des demandes. On a vu aussi l'impasse à laquelle conduisait cette politique restrictive d'octroi du statut de réfugié, créant une population précaire et sans droits qu'il faudra bien régulariser.

Ruptures, débordements et confusions

Ruptures avec les principes républicains, mais aussi avec les champs ordinaires des compétences et des légitimités. Comme quand un barrage se rompt, la politique de sécurité est venu tout envahir, la justice, la santé publique, la prévention, l'éducation, le logement... Cette philosophie de l'action politique où tout est vu, pensé et décidé dans l'optique d'une sécurité renforcée conduit inévitablement à des dérives et des confusions dangereuses. Durant les cinq dernières années le ministère de l'intérieur a pris une place disproportionnée dans l'action gouvernementale, Nicolas Sarkozy empiétant allègrement sur le terrain de presque tous ses collègues. Là encore, ce n'est pas tant l'homme qui est en question, si débordant d'activité soit-il, mais l'impérialisme de sa politique sécuritaire. Chacun a tenté de colmater les brèches avec un bonheur inégal. Les professions de santé publique se sont le mieux défendues. On a vu le ministre reculer. Provisoirement.

Le 13 février 2007, les professionnels de la santé mentale ont défilé aux abords de l'Assemblée Nationale. Les 3500 psychiatres hospitaliers étaient appelés à la grève. Leur revendications ? Précisément le retrait d'une partie du projet de loi sur la prévention de la délinquance qui faisait un « *amalgame inacceptable* » entre troubles mentaux et délinquance. Là encore c'est le ministre de l'intérieur qui pilotait, sans aucune concertation avec les professions intéressées, un projet de loi qui relevait à l'évidence de la compétence de son collègue de la santé publique. L'idée était de durcir le texte sur les hospitalisations d'office, de donner beaucoup plus de pouvoirs aux maires, de créer un fichier national (encore un !) des patients hospitalisés d'office en psychiatrie. C'est une mobilisation du même ordre qui avait fait reculer le ministre lorsqu'il avait voulu mettre en place un dépistage précoce des enfants présentant des troubles du comportement et créer un carnet de comportement. Là encore la confusion était totale : comment un ministre de l'intérieur osait-t-il intervenir dans le domaine de la petite enfance ? Quelles sont ses compétences ? Sa légitimité ? Le projet d'imposer aux délinquants sexuels un traitement chimique relève d'un débordement du même ordre : de quel droit le candidat ose-t-il s'immiscer dans la relation patient-médecin et privilégier une solution thérapeutique qui relève de la seule prescription médicale selon des règles déontologiques propres ? On pourrait relever les mêmes confusions entre le domaine relevant du ministère de l'intérieur et celui de la justice. Nicolas Sarkozy veut dicter sa loi aux juges, au propre et au figuré. Son projet de guide de l'application des lois en est une des illustrations les plus édifiantes, mais aussi sa surveillance attentive des décisions qui lui déplaisent, ses dénonciations publiques des juges laxistes...

Ruptures de méthode

Le dernier registre de rupture est celui de la méthode. Dans ce champ expérimental pour Nicolas Sarkozy qu'est le ministère de l'intérieur, on peut observer quasiment en laboratoire ses méthodes de gestion qui, elles aussi, sont en nette rupture avec la tradition française. Elles se caractérisent par le culte, plus que la culture du résultat et de la performance. Quel que soit le secteur d'activité, tout est programmé et chiffré. Certes l'action de l'Etat se plie de plus en plus à des méthodes d'évaluation rigoureuses. Depuis 2006, la loi organique relative aux lois de finances (LOLF) rationalise le budget de l'Etat et contraint à une politique générale d'objectifs à laquelle doit se plier l'ensemble de la fonction publique. Mais pour le ministre de l'intérieur il ne s'agit pas d'une politique budgétaire. Ce qu'il met en équation ce sont des réalités humaines : il faudra faire baisser la délinquance de tant, augmenter le nombre d'interpellations de tant, de gardes à vue de tant. Il faudra tel chiffre de reconduites à la frontière, tel nombre de régularisations...

On ne juge pas de tout à partir des chiffres. Les mathématiques et les statistiques ont une place dans notre vie mais une place limitée. L'Etat peut et doit mesurer l'utilisation des deniers publics et demander à chacun de ses agents des comptes quant à l'accomplissement des missions qu'il lui a confiées. Mais dans l'usage de la force publique, ce monopole de l'Etat, il ne peut être questions d'objectifs chiffrés. Tout simplement parce que la mission de l'Etat n'est pas de « produire » des gardes à vue, des expulsions ou toute autre mesure de contrainte. L'Etat a, au contraire, parce que nous sommes en démocratie, l'obligation de limiter l'emploi de la force à ce qui est strictement nécessaire. La Déclaration des Droits de l'Homme n'est pas soluble dans la statistique. Décider à l'avance par exemple, du nombre de reconduites à la frontière n'est pas seulement une indécence, c'est une violation éhontée des droits fondamentaux. Un citoyen ne peut être privée de sa liberté qu'en raison de la violation d'une loi et non pour remplir une colonne statistique.

CONCLUSION

Les deux Frances

La vraie question, une fois rappelé ce bilan, regroupées ces propositions et dressée la liste provisoire des ruptures, est de savoir à quoi ressemble ce projet de société qui peu à peu se dessine ? Au-delà de la rhétorique de meeting, des palinodies et des postures inévitables de la campagne électorale, il faut tirer les fils de la pelote lentement assemblée depuis quelques années.

Nouvelle frontière intérieure, la déviance

À quoi ressemblerait la France une fois rompus ces équilibres, oubliés ces principes, abolies ces limites ?

Le pays qui se profile est un pays profondément divisé. Car la vraie, la profonde rupture est là : dans une nouvelle frontière intérieure qui séparerait deux catégories d'individus : les citoyens ordinaires et ceux de seconde zone. Du bon côté de la ligne, les « normaux ». De l'autre, les « déviants ». Ici, ceux qui ont réussi, les riches, les puissants, les chanceux, les « méritants », les « performants », pour lesquels l'Etat donnera le meilleur de ce qu'il a. Là-bas, du mauvais côté, les exclus, les ratés du système, tous ceux qui, à un moment donné de leur vie ont failli, ceux qui, un matin plus dur qu'un autre, n'ont pas réussi à se lever assez tôt, pour lesquels l'Etat se montrera « implacable ». Mais aussi tous ceux qui ne correspondent pas au modèle idéal. Cette

France-bis risque de regrouper plus de monde qu'on ne le pense. Car la frontière ne sera pas seulement celle de l'argent. Elle sera aussi et surtout celle de la déviance.

On pense évidement aux délinquants : les autres. Mais depuis Outreau, beaucoup de Français se demandent avec un peu d'inquiétude s'ils ne peuvent pas faire partie du jour au lendemain des « autres ». Si la prison semble encore lointaine, la geôle du commissariat semble un avenir moins improbable. À force d'interpeller n'importe qui, on peut légitimement se demander si parmi les 530.000 personnes gardées à vue en 2006 et donc intégrés aux fichiers de police, ne se sont pas glissés, dans ce peuple grandissant des suspects, quelques dizaines de milliers de purs innocents. Au rythme de 40.000 gardés à vue en plus chaque année, un simple calcul de probabilité fait frémir.

Cette sous-France rassemblera bien au-delà des délinquants, réels ou probables. Le projet le plus révélateur de Nicolas Sarkozy - projet qu'il a été contraint d'abandonner provisoirement - est cette fameuse détection précoce des enfants présentant des troubles du comportement. Cette façon de penser les individus, puis de les traiter dans des catégories étanches où chacun est placé en fonction d'une inadéquation à un modèle idéal est à la base de son projet de société.

C'est dès la toute petite enfance que se mettrait en place la ligne de partage. Et peut-être même bien avant puisque, lâche-t-il en fin de campagne électorale, nos prédispositions génétiques font déjà de nous des candidats au suicide, à la pédophilie... Le tracé de la frontière débute aussi précocement. Il y aura les calmes, les placides, les « normaux », ceux qui arrivent à avancer sur la ligne bien droite qu'on leur a tracée. Et les autres. Qui entreront dans la grande catégorie des personnes présentant des troubles du comportement avec carnet de suivi à la clé.

Toute la philosophie politique de Nicolas Sarkozy est là : dès qu'un individu n'entre pas dans le « moule » ordinaire, dès qu'il franchit les limites de ce qui est considéré comme la norme, le voilà étiqueté et pour longtemps. Vision simplifiée de l'homme et de la société, philosophie de comptoir ou de meeting, mais qu'on retrouve à tous les niveaux d'une société étroitement compartimentée.

Société policière

Ce qui est détestable et profondément contraire à l'idée de démocratie, c'est cette volonté, une fois repéré un problème, une fois isolé un groupe de population « à risque », d'en garder la trace et de confier à l'Etat ou aux pouvoirs publics la mise en place d'une surveillance à long terme avec la perspective rapide d'une répression implacable si l'anomalie subsiste. Tout doit être classé, répertorié, fiché. Et évidemment surveillé, sinon ces classements perpétuels n'auraient aucun sens. On pourrait soupçonner une obsession personnelle du fichage, une pathologie quelconque. Mais nous sommes ici sur le terrain politique. C'est le modèle social qui est en cause. Dans cette société sous très haute surveillance, à chacun son fichier. On a vu qu'ils étaient devenus ingérables. On ne peut s'empêcher aux Etats Unis d'avant le 11 septembre. Voilà un pays qui se croyait protégé par un système d'écoutes et de surveillance couvrant la planète entière. Mais il ne suffit pas de ficher, de surveiller, d'écouter, il faut pouvoir exploiter tous ces renseignements, les mettre à jour, les utiliser rapidement. A vouloir tout surveiller, on ne surveille plus rien. La vraie sécurité n'est pas de cet ordre-là.

La France aurait certainement, sous Nicolas Sarkozy, un des plus beaux réseaux de surveillance du monde. Le maillage serait très fin. Les enfants qui font l'école buissonnière seront déjà répertoriés dans les mairies (loi sur la prévention de la délinquance). On saurait enfin grâce aux fichage ethnique qui sont les noirs, les blancs, les métis, les arabes... On saurait aussi qui a été hospitalisé en psychiatrie grâce au fichier des hospitalisations d'office écarté provisoirement de la loi sur la « prévention de la délinquance » devant les protestations du monde de la psychiatrie. Les renseignements généraux pourraient continuer à surveiller les déviants politiques. Les 800.000 fiches et dossiers que reconnaît aujourd'hui détenir le directeur central de ce service, proche de Nicolas Sarkozy, devraient être rapidement dépassés. Avec comme critère de surveillance et de fichage cette notion plus qu'élastique de « trouble à l'ordre public » qui permet toutes les dérives et tous les abus récemment constatés.

Société de violence

On aurait tort de croire que cette France-bis pourrait rester cantonnée aux délinquants, aux déviants, aux « anormaux » de tout poil. Tout simplement parce que dans une démocratie, les libertés ne se divisent pas. On ne peut faire longtemps coexister au sein d'une République deux types de citoyens. La suspicion est contagieuse. La volonté de contrôle aussi. Une société policière se nourrit d'elle-même. De proche en proche, de fiche en fiche, c'est le corps social tout entier qui se durcit et se sclérose. Il serait tout aussi illusoire de croire que les tensions déjà si fortes en France disparaîtraient sous ce régime. La simplicité des recettes ne tient que par la promesse de résultats foudroyants : le Kärcher est censé tout nettoyer. Opération magique, conte à dormir debout. Le réveil est généralement très dur. Le Kärcher nettoie vite mais ne répare rien et on ne peut l'utiliser en permanence : son jet est trop fort. Il est d'ailleurs déconseillé pour les enfants.

L'un des plus graves dangers que recèle ce projet de société sous pression permanente est l'accroissement inévitable de la violence. Celle-ci ne résulterait pas seulement des tensions sociales engendrées par une politique économique ultra-libérale (fin annoncée du « modèle social français », atteinte au droit de grève, à la liberté syndicale, précarisation généralisée du contrat de travail...) mais d'une incapacité à analyser, à comprendre, à prévenir et à traiter le phénomène de la violence. Ce mal est au coeur de notre société et pas seulement dans les statistiques policières. Elle gangrène progressivement l'ensemble des rapports sociaux. Répondre à la violence par la violence est une erreur tragique qui ne ferait qu'amplifier le phénomène. On ne peut indéfiniment augmenter le contrôle social. On ne peut en permanence répondre par la répression, par la criminalisation des comportements. On ne peut indéfiniment augmenter le nombre des policiers, des fichiers, des prisons. Car au bout de toutes ces ruptures, il y la rupture avec notre identité propre, celle d'une France tolérante, ouverte, diverse, libre et exigeante qui a fait notre fierté.

L'HARMATTAN ITALIA
Via Degli Artisti 15 ; 10124 Torino

L'HARMATTAN HONGRIE
Könyvesbolt ; Kossuth L. u. 14-16
1053 Budapest

L'HARMATTAN BURKINA FASO
Rue 15.167 Route du Pô Patte d'oie
12 BP 226
Ouagadougou 12
(00226) 50 37 54 36

ESPACE L'HARMATTAN KINSHASA
Faculté des Sciences Sociales,
Politiques et Administratives
BP243, KIN XI ; Université de Kinshasa

L'HARMATTAN GUINÉE
Almamya Rue KA 028
En face du restaurant le cèdre
OKB agency BP 3470 Conakry
(00224) 60 20 85 08
harmattanguinee@yahoo.fr

L'HARMATTAN CÔTE D'IVOIRE
M. Etien N'dah Ahmon
Résidence Karl / cité des arts
Abidjan-Cocody 03 BP 1588 Abidjan 03
(00225) 05 77 87 31

L'HARMATTAN MAURITANIE
Espace El Kettab du livre francophone
N° 472 avenue Palais des Congrès
BP 316 Nouakchott
(00222) 63 25 980

L'HARMATTAN CAMEROUN
BP 11486
Yaoundé
002374586700
002379766166
harmattancam@yahoo.fr

17110 - décembre 2010
Achevé d'imprimer par